中小学教师教学技能实训系列教材

信息技术教师教学技能实训教程

主　　编　施英姿

丛书主编　章苏静

科学出版社

北　京

内 容 简 介

本书是“中小学教师教学技能实训系列教材”中的一本。本书从学科基础、教学设计、课堂实训三个方面分别系统阐述中小学信息技术课程地位、课程目标、内容体系、教学方法和信息技术教学设计的基本原理和方法，以及中小学信息技术教师必须具备的模拟上课、说课等基本教学技能。

本书可作为师范院校计算机科学与技术、教育技术学等专业的学科教法教材，也可作为中小学信息技术教师在职培训教材，还可作为从事信息技术教育研究人员和其他学科教研人员的参考用书。

图书在版编目(CIP)数据

信息技术教师教学技能实训教程 / 施英姿主编. —北京：科学出版社，2016

中小学教师教学技能实训系列教材

ISBN 978-7-03-049039-1

I. ①信… II. ①施… III. ①计算机课-教学法-中小学-教师培训-教材 IV. ①G633.672

中国版本图书馆 CIP 数据核字(2016)第 141892 号

责任编辑：胡云志 / 责任校对：桂伟利
责任印制：赵 博 / 封面设计：华路天然工作室

科学出版社 出版
北京东黄城根北街 16 号
邮政编码：100717
http://www.sciencep.com
北京凌奇印刷有限责任公司印刷
科学出版社发行 各地新华书店经销
*
2016 年 6 月第 一 版 开本：720×1000 1/16
2024 年 8 月第九次印刷 印张：9
字数：181 000

定价：33.00 元

(如有印装质量问题，我社负责调换)

前　　言

随着中小学教师资格考试和定期注册制度的逐步建立健全，严格教师准入、突出对中小学教师教育教学实践能力的考查、择优选拔教师从而整体提高教师队伍质量和水平，已成为大势所趋。中小学教师的学科教学能力是教师的核心竞争力所在，如何有效帮助那些有志于从事中小学信息技术教师职业的相关人员快速提升学科教学能力、深入浅出地掌握信息技术的教学设计方法和课堂实施基本技能，本书编写的目的正基于此。

本书从学科基础、教学设计、课堂实训三个方面分别系统阐述中小学信息技术课程地位、课程目标、内容体系、教学方法和信息技术教学设计的基本原理和方法，以及中小学信息技术教师必须具备的模拟上课、说课等基本教学技能。本书可作为师范院校计算机科学与技术、教育技术学等专业的学科教学法教材，也可作为中小学信息技术教师在职培训的教材，还可作为从事信息技术教育研究人员和其他学科教研人员的参考用书。

本书在编写上有以下一些特色：①理论联系实际，面向教师学科教学素养和教学实践能力的提升。本书以新课程改革下中小学信息技术的教学实践能力提升为目标，对中小学信息技术学科的相关教学理论阐述较为简明扼要，以适用为原则，但教学设计、课堂实训等相关实践知识的论述细致而深刻，且内容有独创性、范围覆盖也较全面。②大量精选的教学案例分析，融实践性、操作性、可读性、借鉴性于一体。本书作者在杭州师范大学从事信息技术课程教学论多年，每年数月参加中小学信息技术实习指导工作，积累了大量的中小学信息技术优秀教学设计、说课、试讲、公开课等课程资源，从中选出了具有创新性、经典性、普遍性、规范性的一些教学案例作为本书的支撑材料。模仿创新历来是最为高效的学习知识和技能的方法之一，希望本书的读者能从本书中得到借鉴，快速成为合格直至优秀的中小学信息技术教师。

由于水平有限加上时间仓促，本书难免还存在欠妥之处，诚挚希望广大同仁批评指正，以期共同提高。在本书的编著过程中参考了包括教材、论文、网络资源等许多专家和学者的教学和研究成果，引用了作者自己所教授学生的一些教学案例，本书的出版还得到杭州师范大学教师实训中心和科学出版社的帮助。谨在此对以上相关人员和单位表示深深的谢意！

施英姿
2016 年春

目　　录

第1章 基 础 篇

1.1 中小学信息技术的发展历程

从20世纪60年代初开始，中小学信息技术教育经历了启蒙教育、计算机文化论、计算机工具论等阶段，目前正进入以培养学生的信息素养为主要目标的信息技术普及教育时期。

1.1.1 计算机启蒙教育阶段

计算机启蒙教育阶段始于20世纪60年代初。美国是世界上最早进行计算机教育的国家，率先使用LOGO语言对儿童进行寓教于乐的程序教学，拉开了计算机教学的帷幕。LOGO语言是由美国麻省理工学院人工智能实验室开发的一种适合于青少年学生和初学者学习的程序设计语言，它采用儿童十分喜欢的搭建积木拼图方式，通过海龟绘图来学习编制程序，从而培养学生的逻辑思维和创造才能。

英国于1979年制订了“微电子教育计划”，1980年正式开始实施。其目标是帮助中小学更好地利用微电子技术这一教育资源，培养青少年掌握这一新技术。法国在20世纪70年代也实施了著名的“万台微机计划”，大规模地把微机引入教学体系。

我国计算机教学始于1982年。在这一年，教育部要求在北京大学、清华大学、北京师范大学、复旦大学和华东师范大学五所大学的附属中学开设计算机选修课，这拉开了我国中学计算机学科教学的帷幕。

1.1.2 计算机文化论阶段

这一时期是程序设计文化的蓬勃发展期，尤其是BASIC语言的普及学习，适应了计算机刚开始发展的教育状况。计算机教育领域的专家和学者不约而同在各自的理论与实践中提出“程序设计是人类第二文化”和“程序设计可以有助于培养和发展学生解决问题的能力”等观点。

计算机文化论对我国计算机教育的影响：推动教育部于1984年制定了《中学计算机选修课教学纲要（试行）》，明确提出让学生了解计算机的基本知识和学习BASIC语言的要求。

然而经过几年的实践，以学习BASIC程序设计为主要内容的计算机教育受到了广泛的批评和质疑。就目前而言，各国的教育学者普遍认为信息技术教育以程序设计为主是不够的，但是它可以成为信息技术教育的一个模块。

1.1.3　计算机工具论阶段

随着计算机的进一步普及和推广，以及对计算机文化论的反思，计算机工具论应运而生。持“工具论”观点的人认为，计算机只不过是现代社会中信息处理、信息传播的工具，只要能操作、会用就行了。也就是说，计算机教育应该以培养学生熟练使用计算机，并将其作为解决问题的工具为主要目标。受计算机工具论思想的影响，培养学生运用计算机应用软件的能力是这一时期计算机课程的教学目标，计算机课程的开设也都以教授计算机应用软件为主。

计算机工具论的观点也得到了我国计算机教育界的高度重视，并着手准备把中学计算机课程的内容从单一的 BASIC 语言教学逐步转向计算机应用的教学。1994 年国家教育委员会颁发了《中小学计算机课程指导纲要（试行）》，其中对中学计算机课程的教学内容规定了五个模块：计算机基础知识、计算机基本操作与使用、计算机常用软件介绍、程序设计语言、计算机在现代社会中的应用及其影响，它们被作为最基本的教学内容。1997 年《中小学计算机课程指导纲要（修订稿）》进一步明确了中小学计算机课程的地位、目的、教学内容和要求。

1.1.4　信息技术普及教育阶段

进入 20 世纪 90 年代，随着多媒体技术和计算机网络技术的发展和广泛应用，信息技术日益多媒体化和网络化，国际上开始提出了信息化社会的概念。教育如何应对信息化社会的挑战成为教育家和政治家必须思考的问题。这一时期，美国、日本、欧洲等世界发达国家和地区纷纷提出国家教育信息化的发展战略，积极投入资金发展国家信息基础设施，中小学计算机教育由此全面进入了信息技术的普及教育阶段。

世界各国普及信息技术教育知名的计划有：美国实施的“教育技术行动”纲领，其主要内容：要求到 2000 年使每间教室和图书馆连通国际互联网（Internet）；确保每个儿童能够用上现代多媒体计算机、都能用电子邮件；给所有教师以培训，要求他们能够像使用黑板那样自如地使用计算机；每所学校都能获得优秀的课程教学软件，并且增加高质量教育内容的享用，鼓励教师使用新技术进行教学等。此外，还有德国通过《多媒体法》草案并实施的“信息技术行动计划”、法国实施的“多媒体教学发展计划”、日本实施的新教学大纲，以及新加坡和挪威的教育信息化进程[1]。

通过以上国家的信息技术教育行动，我们可以看出全世界实际上已经走上了信息技术普及应用的新阶段。一是加强信息技术教育基础设施的建设，包括购置硬件设备和连通互联网；二是加强信息技术的普及与应用，包括信息技术独立设科、学科课程中应用信息技术、信息技术优化教育管理。信息技术教育的普及已经成为全世界的共同趋势。

我国教育部于2000年10月在北京召开了全国中小学信息技术教育工作会议，这是我国中小学信息技术教育的里程碑，是一次十分重要的会议。大会共同探讨并下发了三个文件：《中小学信息技术课程指导纲要（试行）》《关于在中小学普及信息技术教育的通知》《关于在中小学实施“校校通”工程的通知》，并为我国中小学进行信息化教育提出了具体的目标、任务，指明了方向[2]。

我国的信息技术普及计划：2001 年，全国普通高级中学和大中城市的初级中学都要开设信息技术必修课；2003 年，经济比较发达地区的初级中学开设信息技术必修课；2005 年，所有的初级中学以及城市和经济比较发达地区的小学开设信息技术必修课，并争取尽早在全国 90%以上的中小学校开设信息技术必修课。

1.2 中小学信息技术课程目标和特点

1.2.1 中小学信息技术课程特点

信息技术作为一门与计算机技术、电子技术、通信技术等息息相关的交叉学科，既具有一般学科课程的共性，同时又具有以下几个显著特点。

1. 实践性

实践性是信息技术课程的显著特征。2000 年颁布的《中小学信息技术课程指导纲要（试行）》中明确规定：上机课时不应少于总学时的 70%。

信息技术课程教学的实践性特点还表现如下：

（1）强调操作与知识并重。信息技术课堂一方面要注重基础知识的学习，另一方面要注重学生信息素养的培养。而上机操作是实现中小学生信息素养教育的基本手段，也是发展学生非智力因素的一个重要环节。

（2）过程与结果并重。新课标强调过程与方法，这种强调并不是简单地让学生知道某某过程需要几步、各需要采取什么方法等，而是强调让学生参与到某具体过程中，体验该过程与方法，而后感悟其意义。

2. 发展性

以计算机技术、网络通信技术为核心的信息技术发展迅猛，无论是硬件还是软件都在发生着日新月异的变化，这使得中小学信息技术课程的内容具有明显的时代特点。

据统计，现代软件、硬件技术平均 18 个月就更新一代。为了达到教学要求，在中小学信息技术课程中的硬件、软件都必须随时间不断地更新，让学生及时掌握新知识、新技术，以适应时代的需要。以教学中的软件为例：操作系统软件先后经历了 DOS、Windows 3.1、Windows 9X、Windows 2000、Windows XP、Windows 7、Windows 8、Windows 10 的使用和普及。文字处理软件就经历了 WordStar、WPS、Word 三个大系列版本的变化，版本也在不断发展，例如，从 Word 2000 到 Word 2003 再到 Word 2010 等。

3. 基础性

中小学开设信息技术课，主要是着眼于基础教育在培养人才方面的重要作用。在信息时代，信息技术已经和读、写、算等基本能力一样，成为现代社会每个公民必须具有的基本素质和基本能力。因此，现行中小学信息技术课程都是选取信息技术学科中的基础知识和基本技能作为教学内容，一般都有画图知识、文字编辑、电子表格、幻灯片制作、简单动画制作、网上浏览、下载、收发邮件等。

从培养学生的信息素质与能力出发，选取信息技术学科中的基础知识和基本技能作为中小学信息技术课的教学内容，充分体现了信息技术的“基础性”，以便学生适应信息社会信息技术高速度与高淘汰并存的发展状态。

4. 应用性

中小学信息技术课程是一门培养学生应用信息技术解决实际问题能力为主要目标的学科，因此在信息技术教育中，要特别重视运用信息技术方法解决问题的能力培养。课程很多实例的选择也都是从生活实际出发，贴近学生生活，选择与学生学习、生活息息相关的事例，如设计旅行计划、画画我的校园、制作作文集、收发电子邮件、统计考试成绩等，这些案例很容易让学生感到亲切。这样，带着对生活的种种问题，让学生能够参与到课堂中，甚至走出教室到生活中寻求问题的答案。学生无需死记硬背一些信息技术方面的术语和概念，不需要面对一张张枯燥的试卷，他们要接受的是真正的生活对他们的考验，是身处信息社会中是否具有生存能力的挑战，他们需要的是如何对大千世界中浩如烟海的信息进行检索、筛选、鉴别、使用、表达和创新，以及如何用所学的信息技术知识来解决学习和生活中的各种问题。所以，应用性是中小学信息技术课的显著特点[3]。

5. 整合性

信息技术与课程整合是改变传统教学结构、实施创新人才培养的一条有效途径，也是目前国际上基础教育改革的趋势与潮流。中小学信息技术课开设整合性课程，具有得天独厚的优势，因为信息技术作为认知工具的本质使它的教学内容不能脱离其他学科内容而独立存在。很多学科的内容可以方便地整合到信息技术教学中来，如关于文本信息的加工，可与中文、历史等文科类科目整合，程序设计可以涉及数学、物理等一些理科科目，音频视频等多媒体加工可结合音乐科目，图像的加工可结合美术、历史典故、政治时事图片等。将其他学科知识作为信息技术课程的一个或多个要素，把信息技术知识的学习和能力的培养与各学科教育紧密结合起来，让不同学科的知识融入信息技术课程，为信息技术课注入了强劲的活力，课堂教学也因此充满了创造力，从而达到让学生更好地学习和掌握信息技术的目的[4]。

1.2.2 中小学信息技术各阶段的课程目标

2000年教育部下发的《中小学信息技术课程指导纲要（试行）》明确规定中小学信息技术课程的主要任务：培养学生对信息技术的兴趣和意识，让学生了解和掌握信息技术基本知识和技能，了解信息技术的发展及其应用对人类日常生活和科学技术的深刻影响。通过信息技术课程使学生具有获取信息、传输信息、处理信息和应用信息的能力，教育学生正确认识和理解与信息技术相关的文化、伦理和社会等问题，负责任地使用信息技术；培养学生良好的信息素养，把信息技术作为支持终身学习和合作学习的手段，为适应信息社会的学习、工作和生活打下必要的基础。

信息技术课程的设置要考虑学生心智发展水平和不同年龄阶段的知识经验和情感需求，针对小学、初中和高中的不同阶段制订相应的教学内容与教学目标。

1. 小学阶段教学目标

（1）了解信息技术的应用环境及信息的一些表现形式。

（2）建立对计算机的感性认识，了解信息技术在日常生活中的应用，培养学生学习、使用计算机的兴趣和意识。

（3）在使用信息技术时学会与他人合作，学会使用与年龄发展相符的多媒体资源进行学习。

（4）能够在他人在帮助下使用通信远距离获取信息、与他人沟通，开展直接和独立的学习，发展个人的爱好和兴趣。

（5）知道应负责任地使用信息技术系统及软件，养成良好的计算机使用习惯和责任意识。

小学阶段是学生信息素养的启蒙期，在这一阶段需要将学生领入信息技术大门，让其接触信息生活、了解信息文化，逐渐建立对信息技术的感性认识，使其在初步使用大众信息技术工具的过程中，掌握基本技能，感受技术的神奇魅力和对人类生活所带来的变化和影响，初步形成信息素养的雏形，为其下一步发展打下良好的基础。

2. 初中阶段教学目标

（1）增强学生的信息意识，了解信息技术的发展变化及其对工作和社会的影响。

（2）初步了解计算机基本工作原理，学会使用与学习和实际生活直接相关的工具和软件。

（3）学会应用多媒体工具、相关设备和技术资源来支持其他课程的学习，能够与他人协作或独立解决与课程相关的问题，完成各种任务。

（4）在他人帮助下学会评价和识别电子信息来源的真实性、准确性和相关性。

（5）树立正确的知识产权意识，能够遵照法律和道德行为负责任地使用信息技术。

初中阶段是学生信息素养的发展期，这一阶段的任务是：让学生了解信息技术世界，充分感受信息生活，认识信息文化，增强信息意识，让其在掌握技能的基础上，加强对信息技术的综合应用能力，并在这个过程中实现信息技术技能的进一步提高，逐步适应信息生活，实现信息素养、信息能力的进一步发展。

3. 高中阶段教学目标

（1）使学生具有较强的信息意识，较深入地了解信息技术的发展变化及其对工作、社会的影响。

（2）了解计算机基本工作原理及网络的基本知识。能够熟练地使用网上信息资源，学会获取、传输、处理、应用信息的基本方法。

（3）掌握运用信息技术学习其他课程的方法。

（4）培养学生选择和使用信息技术工具进行自主学习、探讨的能力，以及在实际生活中应用的能力。

（5）了解程序设计的基本思想，培养逻辑思维能力。

（6）通过与他人协作，熟练运用信息技术编辑、综合、制作和传播信息及创造性地制作多媒体作品。

（7）能够判断电子信息资源的真实性、准确性和相关性。

（8）树立正确的科学态度，自觉地按照法律和道德行为使用信息技术，进行与信息有关的活动。

高中阶段是学生信息素养的提升期，这一阶段的任务是：让学生把握信息生活，增强信息能力，理解信息文化。即增强学生在交流与合作的基础上解决实际问题的能力，在信息技术实践中，在对信息生活认识和理解的过程中，实现信息文化的内化。

1.3 中小学信息技术课程内容体系

1.3.1 小学信息技术课程内容体系[5]

前面提到：小学阶段的教学目标主要是激发动机，形成感性认识。我国香港特别行政区的小学信息科技教育就没有单独设立科目，而是在其他学科中设立相应的计算机认知单元。日本小学阶段的信息技术教育是以综合学习为主，开展与信息化相对应的教育，同时在各科教学中让小学生经常接触作为教具的计算机，使他们受到潜移默化的影响。目前我国小学信息技术课程的开设因各地的经费、设施、师资条件而有所不同。

2000年教育部下发的《中小学信息技术课程指导纲要（试行）》给出了小学阶段信息技术课程的教学内容模块。

模块一　信息技术初步

（1）了解信息技术基本工具的作用，如计算机、雷达、电视、电话等。

（2）了解计算机各个部件的作用，掌握键盘和鼠标的基本操作。

（3）认识多媒体，了解计算机在其他学科学习中的一些应用。

（4）认识信息技术相关的文化、道德和责任。

模块二　操作系统简单介绍

（1）汉字输入。

（2）掌握操作系统的简单使用。

（3）学会对文件和文件夹（目录）的基本操作。

模块三　用计算机画画

（1）绘图工具的使用。

（2）图形的制作。

（3）图形的着色。

（4）图形的修改、复制、组合等处理。

模块四　用计算机作文

（1）文字处理的基本操作。

（2）文章的编辑、排版和保存。

模块五　网络的简单应用

（1）学会用浏览器收集材料。

（2）学会使用电子邮件。

模块六　用计算机制作多媒体作品

（1）多媒体作品的简单介绍。

（2）多媒体作品的编辑。

（3）多媒体作品的展示。

1.3.2　初中信息技术课程内容体系[5]

初中阶段是小学阶段的延伸，又是高中阶段学习的前期准备。2000 年教育部下发的《中小学信息技术课程指导纲要（试行）》给出了初中阶段信息技术课程的教学内容模块。

模块一　信息技术简介

（1）信息与信息社会。

（2）信息技术应用初步。

（3）信息技术发展趋势。

（4）信息技术相关的文化、道德和法律问题。

（5）计算机在信息社会中的地位和作用。

（6）计算机的基本结构和软件简介。

模块二　操作系统简介

（1）汉字输入。

（2）操作系统的基本概念及发展。

（3）用户界面的基本概念和操作。

（4）文件夹（目录）的组织结构及基本操作。

（5）操作系统简单文件和工作原理。

模块三　文字处理的基本方法

（1）文本的编辑、修改。

（2）版式的设计。

模块四　用计算机处理数据

（1）电子表格的基本知识。

（2）表格数据的输入和编辑。

（3）数据的表格处理。

（4）数据图表的创建。

模块五　网络基础及其应用

（1）网络的基本概念。

（2）因特网及其提供的信息服务。
（3）因特网上信息的搜索、浏览及下载。
（4）电子邮件的使用。
（5）网页制作。
模块六 用计算机制作多媒体作品
（1）多媒体介绍。
（2）多媒体作品文字的编辑。
（3）作品中各种媒体资料的使用。
（4）作品的组织和展示。
模块七 计算机系统的硬件和软件
（1）数据在计算机中的表示。
（2）计算机硬件及基本工作原理。
（3）计算机的软件系统。
（4）计算机安全。
（5）计算机使用的道德规范。
（6）计算机的过去、现在和未来。

1.3.3 高中信息技术课程内容体系[6]

在本次基础教育课程改革中，高中阶段与义务教育阶段的课程管理有所不同。高中课程实行学分管理，所有课程分为必修和选修两个部分，共六个模块，每个模块2学分。高中信息技术课程总学分为2+2+x，其中必修2学分，科目内选修2学分，跨领域选修x学分。

1. 必修部分——“信息技术基础”模块

必修部分即“信息技术基础”模块，2学分。它与九年义务教育阶段相衔接，是信息素养培养的基础，是学习后续选修模块的前提。该模块以信息处理与交流、信息技术与社会实践为主线，强调让学生掌握信息的获取、加工、管理、表达与交流的基本方法，在应用信息技术解决日常学习、生活中的实际问题的基础上，通过亲身体验与理性建构相结合的过程，感受并认识当前社会信息文化的形态及其内涵，理解信息技术对社会发展的影响，构建与社会发展相适应的价值观和责任感。建议该模块在高中一年级第一、二学期开设。

2. 选修部分

选修部分包括“算法与程序设计”“多媒体技术应用”“网络技术应用”“数据管理技术”和“人工智能初步”五个模块，每个模块2学分。选修部分强调在必修模块的基础上关注技术能力与人文素养的双重建构，是信息素养培养的继续，是支持个性发展的平台。模块内容设计既注重技术深度和广度的把握，适度反映前沿进展，又关注技术文化与信息文化理念的表达。在选修部分的五个模块中“算法与程序设计”是作为计算机应用的技术基础设置的；“多媒体技术应用”“网络技术应用”“数据管理技术”是作为一般信息技术应用设置的；“人工智能初步”是作为智能信息处理技术专题设置的。为增强课程选择的自由度，五个选修模块并行设计，相对独立。各选修模块的开设条件有所不同，各学校至少应开设“算法与程序设计”“多媒体技术应用”“网络技术应用”“数据管理技术”中的两个，也要制订规划，逐步克服经费、师资、场地、设备等因素的制约，开出包括“人工智能初步”在内的所有选修模块，为学生提供更丰富的选择。建议将选修模块安排在高中一年级第三、四学期或以后开设。其中“算法与程序设计”模块与数学课程中的部分内容相衔接，应在高中二年级第一、二学期或以后开设。

在信息技术课程列入会考科目的省市如浙江省，信息技术课的情况是，高一开设必修课，高一结束时进行会考；高二、高三则开设选修课。必修主要内容为信息技术基础、操作系统基础、电子表格、信息的数字化、网络通信技术、程序设计初步等，这些都是学生必须掌握的基础知识，基础性、理论性与操作性都较强，由于开课的时间较短，教师不可能讲得太深，只是让学生作初步了解，学会制作简单的作品。选修部分内容包括网页设计与网站管理技术、多媒体作品的制作、数据库技术、VB 程序设计等。学生根据自己的爱好选择学习不同的课程，满足个体发展的需要。

1.4 高中信息技术课程标准解读

自 2000 年颁布《关于在中小学普及信息技术教育的通知》和《中小学信息技术课程指导纲要（试行）》两个重要文件开始，信息技术教育改革以信息技术课程的改革为龙头，在全国开展起来。

《普通高中信息技术课程标准》的起草是在广泛参照了全国信息技术教育改革实践经验，广泛听取课程专家和一线教师的意见的基础上进行的。信息技术课程的设计确立了这样的指导思想：使学生在持续的信息技术应用实践中，把握具有普遍迁移意义的技术文化要素，体验信息文化，提升信息素养，从而支持全面的基础文化素养的发展。

1.4.1 《高中信息技术课程标准》理念[7]

作为高中信息技术课程的理念，“标准”中指出了五点：①提升信息素养，培养信息时代的合格公民；②营造良好的信息环境，打造终身学习的平台；③关照全体学生，建设有特色的信息技术课程；④强调问题解决，倡导运用信息技术进行创新实践；⑤注重交流与合作，共同建构健康的信息文化。实质上这是对高中信息技术课程价值的多视角的描述和概括。

（1）应时代发展、顺应国际潮流，把信息素养的培养放在首位，明确提出“提升信息素养，培养信息时代的合格公民”。

在从计算机教育转向信息技术教育的过程中，最关键的转型在于从关注计算机素养的培养转向信息素养的培养。信息化程度较高的国家多数已经完成了这一转型，更多的国家和地区也在逐步向这一方向迈进。

基础教育肩负的主要使命是提高全民族的素养，高中信息技术课程则承担提升学生信息素养、推进素质教育进程、培养信息时代合格公民的任务。在信息素养的培养方面，高中信息技术课程以打造基础、提供人生发展的基石为要旨，在技术能力培养方面，不片面追求技术的“深”，而是结合高中生的身心发展特点，综合反映信息技术应用发展和适度的前沿动态，以激发学生对新技术的追求和对未来生活的向往，迎接信息时代国际竞争的需要，为自己的职业选择、生涯设计打下一定的基础。

（2）以新课程的实施为契机，努力创造条件，为学生营造良好的信息环境，为他们打造终身学习的平台。

信息技术是一个不断发展的动态学科群。广义地说，信息技术应该涉及包括计算机和网络在内的多种通信媒体、沟通渠道和沟通方式，但是，高中信息技术课程没必要也不可能要求非常专业化的深度与广度，也并非高校计算机课程的简单下放，而是需要综合反映信息技术领域的核心内容，为学生发展奠定基础。因此，关键的问题是要强调利用各种条件创设多样化的信息环境，营造和谐的信息氛围，为改善学生学习创造条件；注重基本的技术思想与方法的教学，使学生能够初步具备适应新技术的能力，为他们的终身学习打造平台。信息环境建设的目的，是调动社会各界力量为学生提供良好的信息环境，教会学生健康、安全、负责任地使用信息及其技术。

（3）关照全体学生，不让一个孩子掉队，充分考虑地区差异，为各地实施留下弹性空间。

本次基础教育课程改革的口号是“为了中华民族的复兴，为了每位学生的发展”。因此，关注每一个学生的发展，是本次课改中每一个领域、每一个科目、每一个模块都应该渗透的思想。对于信息技术教育而言，受软硬件、师资等多种因素的影响，不同学生的信息素养水平差异很大，主要表现为不同地区学生的差异、同一地区不同学校之间的差异、同一学校甚至同一班级的学生之间的差异。

《高中信息技术课程标准》制订的出发点：一方面，关注不同地区发展的不均衡性，充分考虑高中学生的不同起点水平，在课程标准中留下一定的弹性空间，以利于各地在达到“课程标准”的前提下因地制宜、特色发展，鼓励各地区自己开发教材、鼓励信息技术教师在具体教学及其评价中充分发挥自己的主观能动性，“不让一个孩子掉队”；另一方面，又要倡导“差异”鼓励个性化发展；通过信息技术课程的学习，让学生在运用信息技术的过程中，培养思维能力、想象力等一般能力；通过各种问题的解决，培养学生处理与交流信息等特殊能力；强调学生在信息活动中的自主选择、自我设计；通过适当地为学生提供拓展性的内容，充分挖掘学生潜力，让有余力的学生可以有更大空间。

（4）鼓励积极表达，强调交流与合作，鼓励信息技术教师创造有特色的教学。

信息技术本身就是一种交流的技术，信息技术课程及其教学活动，从内容到形式，从过程到方法，都以利用信息技术进行交流与合作为主要活动方式的；高中学生多数已经处于“后青春期”，思想观念与各种能力也已经逐步趋于成熟，他们既有交流与合作的能力，也有这样的需要；因此高中信息技术课程应该鼓励高中学生运用合适的信息技术，恰当地表达自己的思想；倡导学生合理运用信息技术，结合生活、学习的实际，进行广泛的交流与合作，在交流合作中分享思想、反思自我，促进学生的社会化。信息技术教师应该转变传统的学生观、教师观、教学观，把自己当成学生学习的伙伴，设计切合实际的活动，组织学生的交流与合作，把传统的孤立学习转化为新型的共同学习。

1.4.2　高中信息技术课程三维目标[6]

普通高中信息技术课程的总目标是提升学生的信息素养。学生的信息素养表现在：对信息的获取、加工、管理、表达与交流的能力；对信息及信息活动的过程、方法、结果进行评价的能力；发表观点、交流思想、开展合作并解决学习和生活中实际问题的能力；遵守相关的伦理道德与法律法规，形成与信息社会相适应的价值观和责任感。

新课程标准中专门列出了普通高中信息技术课程的总目标，并将其分解为“知识与技能”“过程与方法”“情感态度与价值观”三个层面，同时还在各模块内容标准中进行了具体表述。这三个层面要同时推进，不能割裂开来。

1. 知识与技能

（1）理解信息及信息技术的概念与特征，了解利用信息技术获取、加工、管理、表达与交流信息的基本工作原理，了解信息技术的发展趋势。

（2）能熟练地使用常用信息技术工具，初步形成自主学习信息技术的能力，能适应信息技术的发展变化。

2. 过程与方法

（1）能从日常生活、学习中发现或归纳需要利用信息和信息技术解决的问题，能通过问题分析确定信息需求。

（2）能根据任务的要求，确定所需信息的类型和来源，能评价信息的真实性、准确性和相关性。

（3）能选择合适的信息技术进行有效的信息采集、存储和管理。

（4）能采用适当的工具和方式呈现信息、发表观点、交流思想、开展合作。

（5）能熟练运用信息技术，通过有计划的、合理的信息加工进行创造性探索或解决实际问题，如辅助其他学科学习、完成信息作品等。

（6）能对自己和他人的信息活动过程和结果进行评价，能归纳利用信息技术解决问题的基本思想方法。

3. 情感态度与价值观

（1）体验信息技术蕴涵的文化内涵，激发和保持对信息技术的求知欲，形成积极主动地学习和使用信息技术、参与信息活动的态度。

（2）能辩证地认识信息技术对社会发展、科技进步和日常生活学习的影响。

（3）能理解并遵守与信息活动相关的伦理道德与法律法规，负责任地、安全地、健康地使用信息技术。

上述三个层面的目标相互渗透、有机联系，共同构成高中信息技术课程的三维目标。在具体的教学活动中，要引导学生在学习和使用信息技术、参与信息活动的过程中，实现知识与技能、过程与方法、情感态度与价值观不同层面信息素养的综合提升和协调发展，不能人为地割裂三者之间的关系或通过相互孤立的活动分别培养。

1.5 信 息 素 养

随着计算机技术的飞速发展，多媒体技术和网络的应用日益广泛，越来越多的教育界专家和教师认识到信息化教育是学校素质教育的重要组成部分，信息素养是评价学生素质的重要内容，如何培养学生的信息素养是教育工作者一直在努力探索的问题。美国、日本、挪威等国家的信息技术教育的目标中明确规定了“所有的学生都将具备信息素养的能力”，我国普及信息技术教育的一个重要目标也是“培养现代社会接班人的信息素养”。因此要想培养中学生的信息素养，必须积极探索我国中学生信息素养的内容体系，因为它是如何培养学生信息素养的重要前提，也是制订信息技术教学内容的重要依据。

1.5.1 信息素养界定

1. 信息素养的由来及其概念演变

信息素养的概念是从图书检索技能演变发展而来的。而信息素养这个术语最早是由美国信息产业协会主席车可斯基（Zurkowski）于1974年提出来的，他把信息素养定义为“人们在解决问题时利用信息的技术和技能”；1983年，美国信息学家霍顿（Horton）认为教育部门应开设信息素养课程，以提高人们对电子邮件、数据分析以及图书馆网络的使用能力；1987年，信息学专家布雷维克（Brevik）将信息素养概括为“一种了解提供信息的系统，并能鉴别信息的价值，选择获取信息的最佳渠道，掌握获取和存储信息的基本技能，如数据库、电子表格软件、文字处理等技能”；1989年美国图书馆协会（ALA）提出：一个具有信息素养的人能够明白自己需要的信息，有能力获取、评价、有效地应用自己所需的信息。随着教育者对信息素养重要性认识的加深，1991年美国监督与课程发展协会（ASCD）提出信息素养应该成为每个学生学习成果的组成部分，竭力主张在学校教育中对学生信息素养的培养。1998年，美国图书馆协会和美国教育传播与技术协会在《信息能力：创造学习的伙伴》中进一步制定了学生学习的9大素养标准[8]。

① 具有信息素养的学生能够高效地、有效地获取信息。

② 具有信息素养的学生能够成功地、批判性地评价信息。

③ 具有信息素养的学生能够精确地、创造性地使用信息。

④ 作为一个独立学习者的学生具有信息素养，并能探求与个人兴趣有关的信息。

⑤ 作为一个独立学习者的学生具有信息素养，并能欣赏文学作品和其他信息创造性的表达。

⑥ 作为一个独立学习者的学生具有信息素养，并努力在信息查询和知识创新中做到优秀。

⑦ 对学习社区和社会有贡献的学生具有信息素养，能认识信息对民主社会的重要性。

⑧ 对学习社区和社会有贡献的学生具有信息素养，能履行与信息和信息技术相关的符合伦理道德的行为规范。

⑨ 对学习社区和社会有贡献的学生具有信息素养，能积极参加小组的活动来探求和创造信息。

2. 面向综合能力的信息素养

信息素养作为一个概念，从其最初的获取、处理、发布信息的简单能力，逐渐上升为一个综合性的概念，包含一系列具体的理念与技能（图 1-1）。信息素养从通俗意义上讲，是功能上的技术性技能，但是事实上其可以从更宽泛的角度上说，信息素养应该被看作是一种新的信息文化，指向大众的实际生活和学习的基本文化。从知道如何使用计算机，到知道如何访问信息，到批判性地思考信息本身，到信息的技术构造，到其社会的、文化的甚至是哲学上的情境和影响力，这些对于现代信息社会中受过教育的公民是必需的。

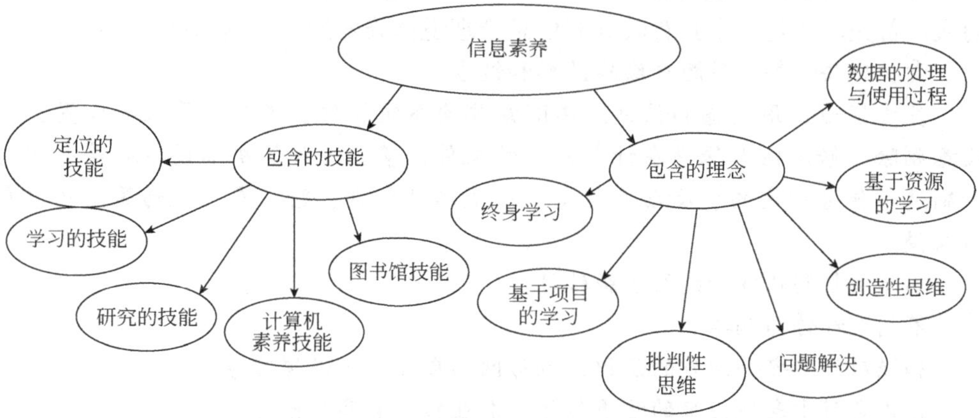

图 1-1 信息素养的内涵与外延

在现代社会，信息素养是个人能力发展的重要基础。信息素养是思维能力、问题解决能力、决策能力和合作能力的基础（图 1-2），这些能力的有机整合就形成个人的综合能力，具有这种综合能力的人就会具有较强的实践能力和创新能力。当前国际上普遍关注的信息技术与学科整合，正是受到这种信念的驱使。从垂直维度看，信息素养是终身学习的基础。这是因为，具备一定的信息素养，学习者就能够获得学习的内容，对所做的研究进行扩展，能够学习更好地自我导向，能够对自己的学习进行更有效的控制[9]。

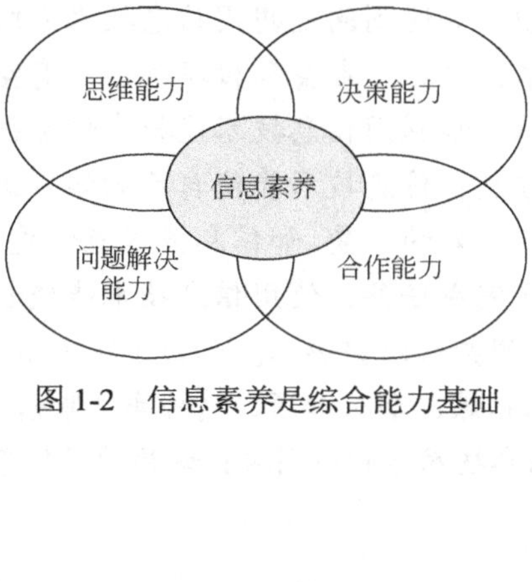

图 1-2 信息素养是综合能力基础

1.5.2 我国中小学生信息素养的内容体系

根据国外关于信息素养的研究成果，结合我国教学的实际，中小学生的信息素养应该包括以下四个方面的内容。

1. 具有较好的信息道德伦理修养

良好的信息伦理道德的培养，在信息社会尤其重要，一个具有良好信息素养的人，首先应该是一个具有较好的信息伦理道德修养的人。具体体现在：

爱护公共设备，不随意偷换鼠标和键盘。

负责任地使用设备和信息。不随意删除系统软件、篡改计算机的设置，或故意删除、修改他人保存在计算机上的文件，甚至给计算机加设密码等；同时不制造不传播黄色的、反动的信息等；主动抵制黄、赌、毒、反动等不良信息的入侵。

不非法复制软件和购买盗版软件。

不制造和传播病毒。

加强对网络安全问题的认识，预防网络犯罪，不做黑客等。

合作学习中表现出来的注重集体、敬业精神和高尚情操。

了解与信息技术相关的文化、法律法规。

遵守信息法律法规，做到网上文明聊天、负责任地使用信息等。

2. 使用信息技术的积极的态度

学生即使掌握了信息技术知识，不想用或缺乏使用的意识都不能发挥信息技术的作用。一个具有良好信息素养的人应该具有使用信息技术的积极态度。具体体现在：

具有使用信息技术的良好的意识，能快速判断所要解决的问题能否用信息技术来解决。

使用信息技术的渴望。如遇到问题想用信息技术来解决；如果知道做某一件事情必须要利用信息技术，自己一定会积极参加；一有空就使用信息技术等。

使用信息技术的信心。如利用信息技术能把事情做得更好；通过信息技术能知道更多自己想知道的信息；信息技术能使自己的学习达到更高的层次等。

使用信息技术能获得美好的享受。如信息技术能做更有趣更富想象力的事情；信息技术能更具创造力地完成任务；使用信息技术能使自己感到很舒适等。

能克服信息技术的恐惧症或消极影响。如由于害怕出错，使用信息技术时常犹豫不决；使用信息技术很枯燥、令人心烦、精神高度紧张；使用信息技术剥夺了与别人交流的时间；使用信息技术感到很困难；认为学习信息技术是浪费时间等。

3. 较好地掌握信息技术知识

具有较好的信息素养的人必须掌握基本的信息技术知识，这是培养学生信息能力的重要基础。从使用的角度和人的发展的角度出发，学生必须具有的信息技术知识主要包括：

了解信息技术基本工具的作用，了解信息技术的发展对学习、社会的影响等。

能理解信息技术的术语、信息技术工作的基本原理和使用信息技术的常用设备，并能排除常见的故障。

认识多媒体和网络，并能操作。

能理解信息技术的科普文章、讨论信息技术的发展和应用。

掌握常用的计算机软件（如操作系统、文字处理软件、电子表格、浏览器、FrontPage 等）。

掌握与各学科学习有关的应用程序，多媒体教学系统的操作等。

能理解简单的计算机程序并通过帮助信息学会使用。

掌握程序设计的方法。

4. 具有较好的应用信息技术的能力

信息技术的应用能力是信息素养中最具活力的因素，它对学生的学习、创造性思维的发挥，甚至为将来的终身学习、信息化社会中开展工作都具有重要的作用。主要包括以下内容：

具有快速地确定自己需要什么信息并获取所需信息的能力。在解决实际问题中，能确定与该问题相关的信息、成功地获取信息的能力，分析、利用获得的信息来解决问题的能力。

具有评价、筛选、判断、分类、存储信息的能力，具有组织、表达信息的能力。

具有信息的通信能力、利用信息技术（如电子邮件、局域网、Internet 等）与别人交流的能力。

具有利用信息技术（如多媒体等形式）展示自己作品（或学习成果）的能力。

具有信息的加工能力，根据已有信息提出问题的能力、创造性地解决问题的能力。

具有利用计算机自主解决其他学科问题的能力。

对于信息资源的认识具有前瞻性，具有查错和纠错的能力。

具有利用信息技术进行合作学习、自主学习的能力。

第2章　设　计　篇

2.1　教学设计理论概述

2.1.1　教学设计的含义与特征

对“教学设计”（instructional design）含义的认识目前还未能达成普遍共识，教学设计专家格斯塔弗森（Gustafson）指出：“教学设计”被用来描述包括分析教学内容、确定教学方法、指导试验和修改及评定学生学习的全过程。

在我国一般认为：教学设计是以获得优化的教学过程为目的，以传播理论、学习理论和教学理论为基础，运用系统方法分析教学问题、确定教学目标、建立解决教学问题的策略方案、试行解决方案、评价试行结果和修改方案的过程[10]。

具体而言，教学设计具有以下特征。

（1）教学设计是以系统方法为指导。教学设计把教学各要素看成一个系统，分析教学问题和需求，选择最佳教学方法和手段，使教学效果达到最优化。

（2）教学设计是把教学原理转化为教学材料和教学活动的计划。教学设计要遵循教学过程的基本规律，选择教学目标，以解决教什么的问题。

（3）教学设计是实现教学目标的计划性和决策性活动。教学设计对怎样才能达到教学目标进行创造性的决策，以解决怎样教的问题。

（4）教学设计是提高学习者获得知识、技能的效率和兴趣的技术过程。教学设计的功能在于运用系统方法设计教学过程，使之成为一种具有操作性的程序。

2.1.2　现代教学设计与传统经验设计区别

现代教学设计是在传统经验型备课的基础上发展起来的，但又不同于传统的经验型备课，它打破了传统经验型备课固有的形式和要求，实现了教学设计的系统化、科学化和规范化。随着新课程改革的深入，体现了新课程理念的现代教学设计较之传统的经验型备课有着深层的区别，见表2-1[11]。

表2-1　现代教学设计和传统经验设计的比较

比较项目	传统经验设计	新课程视野下的现代教学设计
强调主线	教师中心，以教代学，强调教的设计	以学论教，学生中心，强调学的设计
对象	备教材：备课基于对教材知识点的传授，教案就是教学实施的脚本	备学生：立足于学生的实际需要，着眼于学生的全面发展

续表

比较项目	传统经验设计	新课程视野下的现代教学设计
依据	以教师教学经验为备课依据	以科学的教育理论作指导，在分析具体教学需要备课依据的基础上设计
变通性	备课相当于课前的教学准备，它的内容是预设的、静态的，课堂教学强调教案的忠实执行	教学设计的主体工作需要在课前完成，但需要在教的过程中不断调整，教学设计贯穿于课前、课中和课后
教材观	“权威化”的教材观：重心放在分析教材、梳理知识、强化考点等方面。教师是“教教材”，其重要职能往往是实现和强化教材、其他教学辅助资料的权威功能和诠释功能，缺失自己的教学创意，缺少主动的设计意识	“材料式”的教材观：教材只是教学活动的载体和媒介，只是课堂教学中可供利用的一种教学工具，是与学生交往活动的载体。教师在课前的主要准备任务便是策划如何有效利用这一载体、媒介和工具，是“用教材教”。其重要职能是课堂教学的活动设计
成果	比较单一，主要为教案	除了教案，还有评价量规等

2.1.3 教学设计过程的一般模式

教学系统设计模式是在教学系统设计实践中逐渐形成的一套程序化的操作流程，即以什么步骤和方法去进行教学系统的设计。关于教学设计过程，有很多不同的理论模式，比较有代表性的有：迪克-柯瑞模式（图 2-1）、肯普模式、史密斯-雷根模式（图 2-2）以及马杰模式。

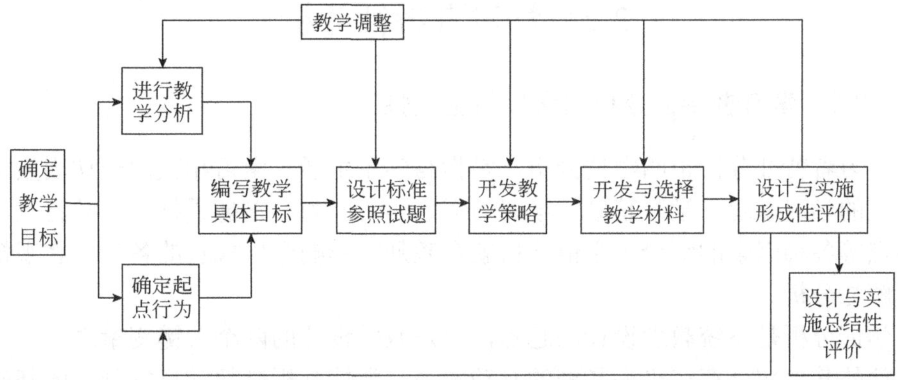

图 2-1 迪克-柯瑞模式

各种教学设计理论模式虽各不相同，但还是可以从各种理论模式中抽取出一些共同的组成部分，如学习内容分析、学习者分析、学习目标的阐明、教学策略的制订、教学媒体的选择和利用以及教学设计成果的评价。从这些基本组成部分中还可以进一步抽取出以下四个最基本的环节或要素：分析教学对象、制定教学目标、选择教学策略、开展教学评价。各种完整的教学设计过程都是在这四个基本要素（学习者、目标、策略、评价）相互联系和相互制约所形成的架构上建立的。

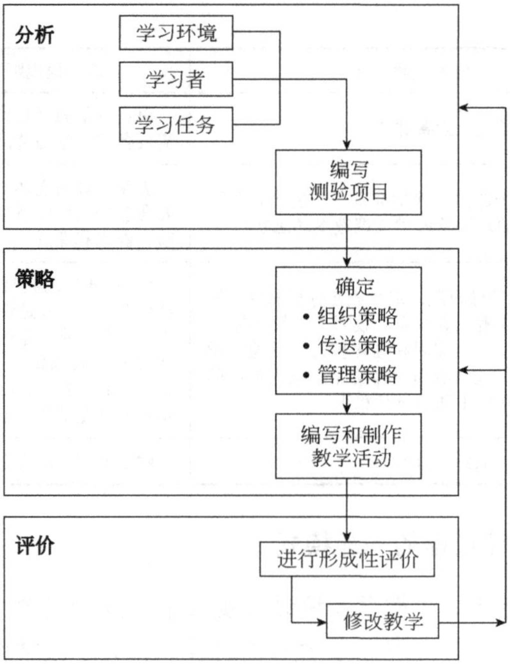

图 2-2　史密斯-雷根模式

2.2　学习者特征分析

2.2.1　学习者特征分析的含义与重要性

学习者特征分析也叫学情分析，是指与学生生活、学习相关的一切因素，包括学生的学习态度、学习基础、学习习惯、学习能力、兴趣爱好、年龄特点、心理特点等各种因素的综合，学情分析就是教师对影响学生成长的各种主客观情况的了解与分析。

学情分析是系统教学设计的起点，也是教学设计的两个关键变量之一，与教学设计的其他部分存在极为紧密的互动关系。学情分析是教学目标制订的基础，只有真正了解学生的已有知识经验和心理认知特点，才能确定其在学习活动中的最近发展区，而从知识、技能、能力等方面来阐述最近发展区，也就是阐述教学目标。学情分析也是教学内容分析的依据，教学内容中的重难点必须针对具体学生才能界定。此外，学情分析是教学策略选择和教学活动设计的落脚点，新课程强调一切教学活动必须围绕学生展开，任何教学活动都要以激发学生学习兴趣和学习动机为出发点，密切关注和分析学情，是有效落实学生主体性、实施因材施教的重要途径。总之，学情分析是对以学生为中心的教学理念的具体落实。

2.2.2 中小学信息技术学习者特征分析的内容

学习者特征分析的内容可以简单地归纳为以下两个方面。

1. 一般性分析

一般性分析包括学生的年龄特点、认知特点、学习兴趣、学习态度、学习习惯、学习风格等，不同年龄段学生的思维品质、运算能力、记忆力有很大区别，注意力的深度、广度和持久性也不同。

比如，小学生的视觉调节能力、言语听觉能力，记忆能力发展迅速，思维品质逐渐完善，对概念的掌握水平逐渐提高，想象力丰富；但注意力不稳定、不持久，且常与兴趣密切相关；小学生的生长发育很快，他们精力旺盛、活泼好动，但同时因为他们的自制力还不强，意志力较差，所以遇事很容易冲动，意志活动的自觉性和持久性都比较差，在完成某一任务时，常是靠外部的压力，而不是靠自觉的行动。

而初中生已占主导地位的抽象逻辑思维逐步由经验型向理论型转化，观察、记忆、想象诸种能力迅速发展。身体急剧变化，开始用批判的眼光看待周围事物，不少情况下对师长表现出不驯服，容易冲动，很容易自以为是。知识面和社会接触面的扩大，使初中学生的兴趣广度大为增加。参与感和表现欲强，兴趣明显出现了“赶时髦”的特点。学生的这些特点可以通过学习一些发展心理学的简单知识来分析，也可以凭借经验和观察来灵活把握。

高中生的生理发育已基本成熟，他们的身高、体重等各方面接近成年人，抽象思维从“经验型”向“理论型”急剧转化，能对各种经验做出规律性的说明，并借助概念进行合乎逻辑的抽象思维活动，不断地对所学知识系统化、理论化。高中生的思维具有一定的批判性和独立性，在学习中喜欢独立地分析问题、解决问题，遇到问题不轻易请教他人，甚至讨论问题时对别人的意见不轻信盲从，喜欢怀疑争论，按照自己的需求与观点去理解知识和认识周围的一切。此外，高中学生的兴趣更加广泛，且有明显的选择性。

同一年龄不同层次或不同班级的学生，其学习能力和学习风格也有很大的区别，学习能力突出的尖子生较之学习能力较弱的困难学生，前者掌握新知识、新技能的速度就快，完成教师布置的任务也快。班级跟班级之间也有不同的性格差异，有些班级思维活跃、反应迅速，但往往思维深度不够，准确性稍微欠缺；有些班级则较为沉闷，但可能具有一定的思维深度。这就需要教师及时观察分析，采取灵活变通的教学策略和教学任务，实施因材施教，让全体学生学有所长。

2. 具体分析

具体分析是指针对课堂具体内容，对学生的学习起点、学生学习该内容的优势、容易出现的问题等方面进行分析。

学生的学习起点是学情分析的重点，主要是针对本节课或本单元的教学内容，确定学生需要掌握哪些知识，具备哪些生活经验，然后分析学生是否具备这些知识经验。任何一个学习者都是把他原来所学的知识、技能、态度带入新的学习过程中的，因此教学系统设计者必须了解学习者原来具有的知识、技能、态度。

目前中小学信息技术学科学生学习起点构成非常复杂，一个原因来自家庭和社会因素，有些学生家境好，实际操作早，接触计算机时间多，对很多软件已经很熟悉，而有些学生家境差或父母管理很严，对软件操作很生疏，接受新知识和完成任务的速度很慢。另外一个原因在于信息技术教材没有统一规划的阶段教材，不同阶段的教学内容重复严重，见表 2-2。

表 2-2　大中小学信息技术教材内容构成

	小学	初中	高中	大学
信息技术基础	√	√	√	√
操作系统简介	√	√	√	
文字处理的基本方法	√	√	√	
网络基础及其应用	√	√	√	√
多媒体作品的制作	√	√	√	√
程序设计类			√	√

从表 2-2 可以看出：中学阶段的信息技术教学内容很多是炒冷饭。在分析对比中小学教材和听课的过程中，有时还会发现：同样的内容，初中上得比小学还简单，这种学习起点超越学习终点的不合情理现象大大降低了学生的学习兴趣，甚至造成学生产生厌学情绪。

信息技术的学生学习起点分析可以通过作品观察、访谈等方式进行摸底，其次作为信息技术教师，尤其是中学阶段的教师必须去熟悉低学段信息技术教材的内容编排，这样才能对学生的学习起点了然于心，才能根据学生已有的知识和经验去调整教学难度和教学方法。

学习起点分析案例：浙教版七上 9 课《文本框的应用》

这一课的教学目的如图 2-3 所述：通过对电子杂志分栏目的制作与完善，进一步巩固有关文本框的基本操作，特别是改变文字方向、文本框链接等方法，从而进一步提高对页面布局、图文混排、颜色搭配进行合理调控的能力。

这一课处于教材第二单元“文字处理与应用”的第四课，学生在前面学习了文字编辑和自选图形的应用等操作技能，见图 2-4。这一课属于 Word 图文混排电子作品创作类内容，与此相关的学习在小学四上第三单元已经开展过，见图 2-5。其中 14 课灵活运用文本框、15 课精益求精做小报和七上 9 课的内容非常接近，对小学的这两课的内容进行剖析，就可以得出七上 9 课的学习起点。

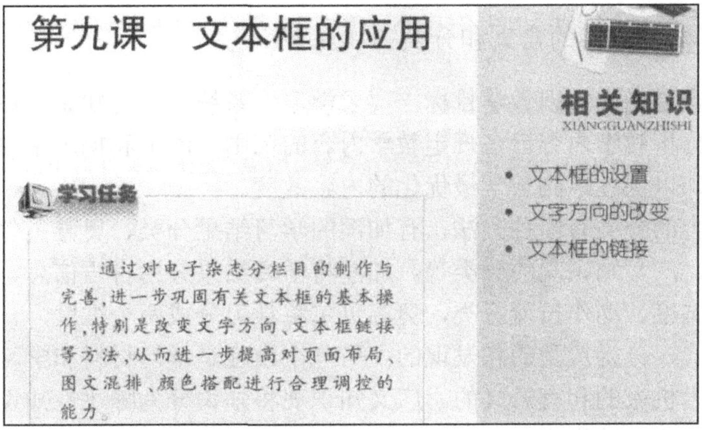

图 2-3 课时学习任务（教学目的）

图 2-4 浙教版初中信息技术七上第二单元目录

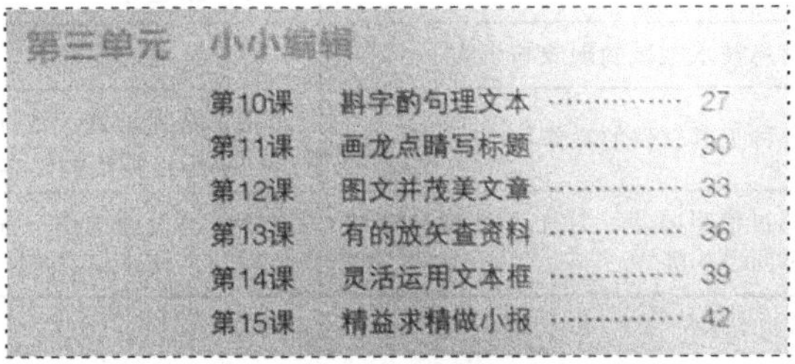

图 2-5 浙教版小学信息技术四上第三单元目录

七上 9 课学生的学习起点为：

（1）会插入多个文本框，能根据需要改变文本框的大小。

（2）能在文本框中填入文字，并对文字进行竖排等文字格式设置以及文本框的美化设置。

（3）能使用多个文本框进行规整的小报版面布局。

（4）能使用艺术字、图片、文本框等多种形式图文混排制作小报。

2.3 学习内容分析

2.3.1 学习内容的含义和分类

学习内容是指为实现教学目标，要求学习者系统学习的知识、技能和行为经验的总和。分析教学内容旨在规定教学内容的范围、深度和揭示学习内容各组成部分的联系，以保证达到教学最优化的内容效度。

学习内容的分类有多种方法，有加涅的学习结果分类、奥苏贝尔的有意义言语学习分类、广义知识观的分类等。加涅将学习结果分为言语信息、智慧技能、认知策略、态度、动作技能五类，奥苏贝尔将学习分成两个维度，一个维度是学习进行的方式，分为接受的和发现的；另一个维度是学习材料和学习者原有知识的关系，分为机械的和有意义的。广义知识观将知识分为陈述性知识、程序性知识、策略性知识三种类型。

我国将教学设计实践中的学习内容分为事实类学习内容、概念类学习内容、技能类学习内容、原理类学习内容和问题解决类学习内容，按照此分类方法，信息技术学习内容分类如表 2-3 所示。

表 2-3　信息技术学习内容分类

内容类别	操作性定义	例子
概念类	与信息技术相关的概念	信息、算法、位图、矢量图、多媒体等
原理类	信息技术的基本原理与机制	计算机工作原理、搜索引擎工作原理、数据库工作原理等
事实类	信息技术领域的现象与事实	信息技术的发展历史、发展趋势等
操作技能类	各种工具软件的操作使用	文字格式设置、数据的排序与筛选、自选图形的运用、邮件的收发等
问题解决类	通过信息收集、加工、处理来解决实际问题的能力	给自己设计制作一张名片、设计制作一个班级网站、设计北京游计划等

2.3.2 学习内容分析的一般步骤和方法

学习内容分析的一般步骤见图 2-6，在正确解读课程标准的情况下，先从宏观（学期）分析，接着进行章（单元）分析，再进行课时（知识点）分析，最后进行重难点分析。

学习内容分析的一般方法有归类分析法、图解分析法、层级分析法、信息加工分析法等[12]，这些方法都是采用图表或符号等直观形式简明扼要、提纲挈领地揭示教学内容要素及其相互联系，本节中图2-8、图2-9就是采用了层级分析法和图解分析法来分析学习内容。

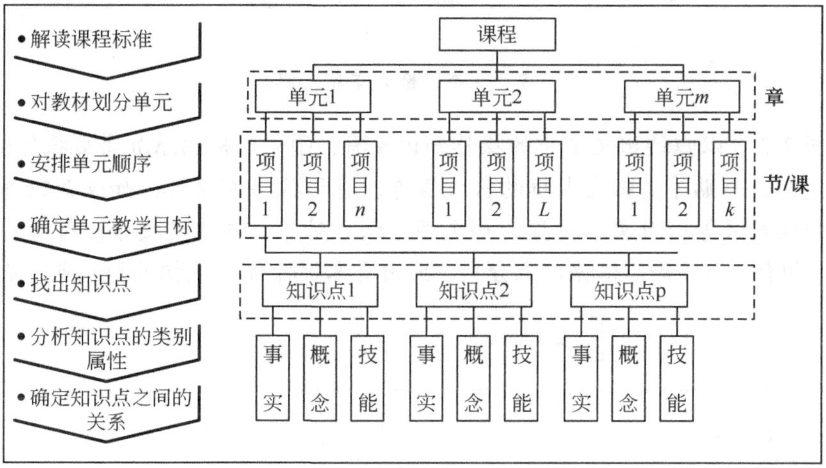

图2-6 学习内容分析的一般步骤

2.3.3 中小学信息技术单课时学习内容分析方法与步骤

1. 从单位教学目的中找出需要掌握的知识点

学习内容通常是由多个相互联系的知识点构成的，学习内容分析的第一步就是根据单位教学目的准确找出能有效实现课堂教学目标的知识点。

确定知识点案例：浙教版七上9课《文本框的应用》

这一课的教学目的（图2-3）为：通过对电子杂志分栏目的制作与完善，进一步巩固有关文本框的基本操作，特别是改变文字方向、文本框链接等方法，从而进一步提高对页面布局、图文混排、颜色搭配进行合理调控的能力。完成以上教学目的，学生需要掌握以下两个方面的操作知识技能点。

（1）电子杂志或小报制作知识与技能点。

① 电子杂志或小报制作的一般步骤。

② 电子杂志或小报的页面构成和布局。

③ 电子杂志或小报图文混排和美化方法。

（2）Word软件中有关文本框操作的知识技能点。

文本框操作的知识技能点构成相对繁杂，如何进行分析呢？可以在Word中插入一个文本框后，选中该文本框，显示与文本框操作相关的主要是格式菜单工具栏，见图 2-7。

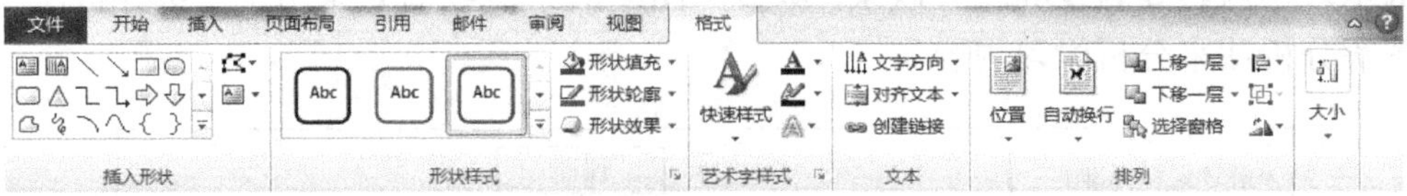

图 2-7　文本框格式菜单工具栏

从图 2-7 可以归纳出文本框的操作知识点有：①文本框的添加变更操作如插入、删除、复制、粘贴等。②文本框的格式操作，有形状样式设计，如改变轮廓、颜色填充、形状效果等；有文本设置，如文字方向、对齐、创建链接等；有排列设置，如位置、组合、对齐等。根据以上分析，画出文本框操作技能相关知识点，见图 2-8。

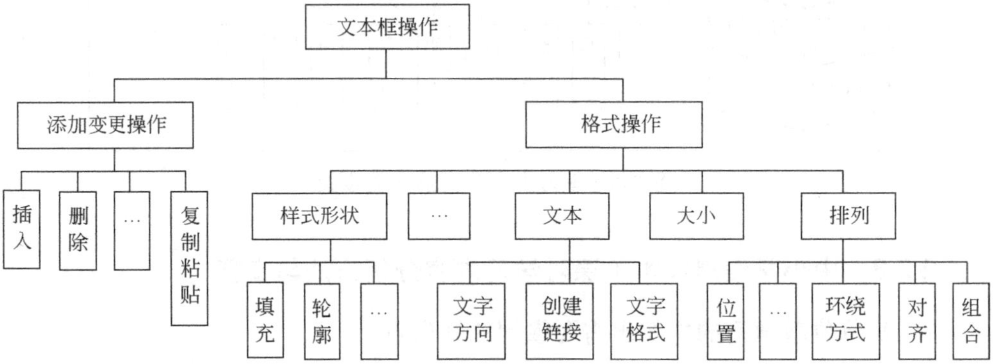

图 2-8　文本框操作技能知识层级图

2. 确定知识点之间的关系，画出知识点结构图

知识点结构图将学习内容中的各个零散的知识点重新组织整合，而后连成线、组成面，不仅能将繁杂的知识点网络化、条理化、系统化，加深直观理解，而且能梳理清楚所学知识相互之间的关联与层次。

知识点结构图案例：浙教版七上 9 课《文本框的应用》

本课的教学目标是掌握文本框的应用，应用的对象是电子杂志或小报，因此文本框的操作技能知识点必须和电子杂志或小报制作技能的知识点进行系统的整合，并加以层次化、条理化，最后形成本课的知识点结构图（图 2-9）。

从图 2-9 可以看出，本课的知识结构图是以电子杂志或小报的制作流程：确定主题和页面大小——页面布局——图文混排——作品美化为主线，依次向下连接相对应的操作技能知识点。

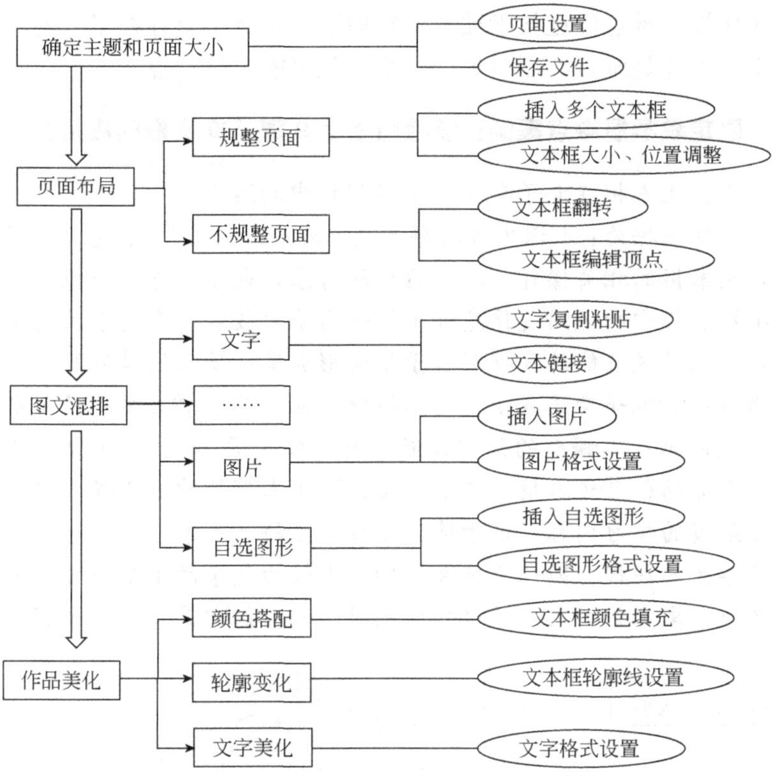

图 2-9 《文本框的应用》知识点结构图

3. 确定教学重难点

学习内容分析除了理清知识脉络，还有一项重要的工作就是根据知识体系框架确定教学重难点，能否正确确定教学重难点是有效教学的前提和保障。

教学重点是教学目标中所要完成的最基本、最主要的内容，是课堂教学中需要解决的主要矛盾，也是教学的重心所在。教学重点通常是知识体系中具有共性和重要价值（包括认知价值、迁移价值）的内容如核心概念、核心技能等，教学重点的确定可以从分析学习内容在教材知识体系中的地位和作用来确定。

教学难点是学生难于理解和掌握的知识、技能与方法，难点的形成主要有以下几个方面的原因：一是该知识与旧知识联系不大，学生没有认知基础和经验；二是该知识内容抽象，学生难于理解；三是该知识包含多个知识点，知识点过于复杂，往往具有相对性、不确定性和可转化性的特点[13]。

教学重点和难点互有联系，但又具有不同的性质。重点一般都具有稳定性和长期性，在一定的教学阶段它会贯穿于教学的始终；而难点则具有相对性、不确定性和可转化性，难点经过教学被学生掌握了，也就不复存在了，同一知识与方法对某些学生可能是难点，而对另一些学生就可能不是难点。

确定教学重难点案例：浙教版七上 9 课《文本框的应用》

教学重点：文本框在电子杂志或小报制作中的运用。

该重点确定依据为：本课内容标题就是“文本框的应用”，也就是说本课主要教学内容是文本框的相关操作，而且运用的对象为电子杂志或小报。文本框在电子杂志或小报制作中的运用是信息加工的一项重要技能，在整个教材体系中有着重要的地位。此外该技能的掌握有益于学生形成举一反三的学习能力。

教学难点：①电子杂志或小报的不规整页面布局。②文本框的文本链接。

难点确定依据：本课新的知识技能点有三处（图 2-10）：①电子杂志或小报的不规整页面布局；②文本框的文本链接；③文本框轮廓线设置。这三处是学生之前从未接触过的学习内容。由于绝大多数学生缺乏美术修养，电子作品的版面布局历来是学生的短板，因此难度大、知识点较为复杂的不规整页面布局是本次课的难点之一。文本框的文本链接知识相对单一，但它是文本框独有的一项操作

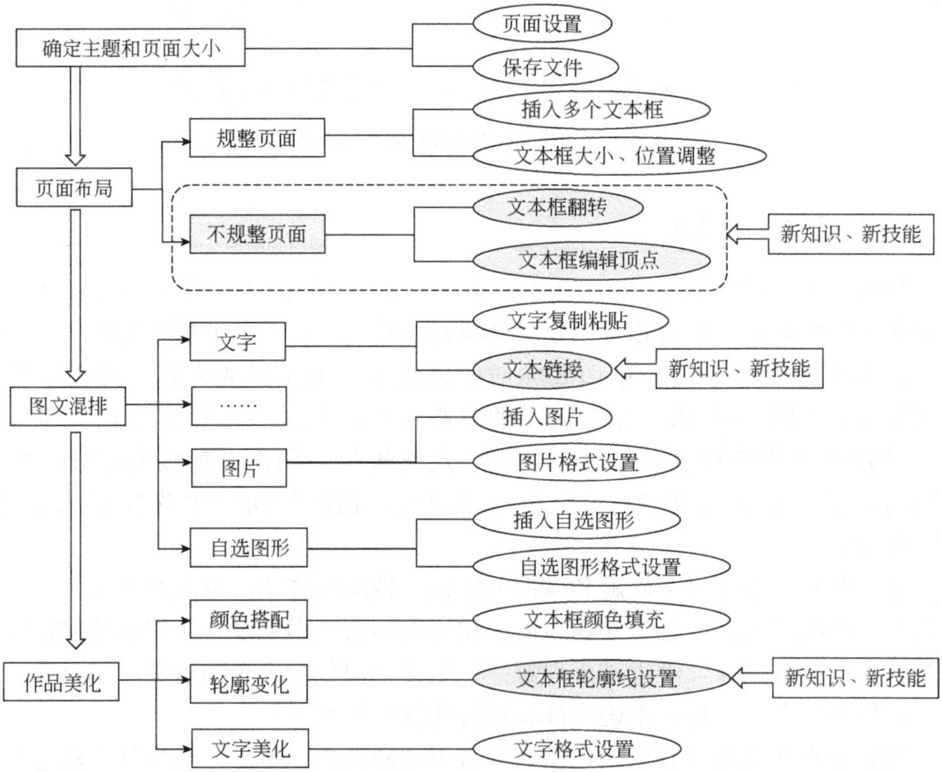

图 2-10 《文本框的应用》知识点结构分析图

技能，且操作易出错，因此也把它设为本课的难点之一。文本框轮廓线设置虽然是新知识，但该操作技能和前面所学的自选图形的轮廓线操作一致，学生易于知识迁移，虽然是新知识，但没有把它列为难点。

2.3.4 教材与学习内容的关系

以上我们通过案例分析得出了浙教版七上9课《文本框的应用》这一课的知识点、教学重难点。通过与图2-3罗列的相关知识的对比分析，可以发现：系统设计下的学习内容，其知识点结构、教学重难点与教材里的知识点、教学重难点有较大的差异（表2-4），这表明：教材是学习内容确定的主要依据，但不是唯一来源。

表2-4 教材学习内容与系统设计下的学习内容比较

	教材里的学习内容	系统设计下的学习内容
知识点	文本框的设置、文字方向的改变、文本框的链接	网络化、系统化的知识结构（图2-5）
教学重点	文本框的相关设置	文本框在电子杂志或小报制作中的运用
教学难点	文本框的链接	① 电子杂志或小报的不规整页面布局 ② 文本框的文本链接

有效备课不是对原有教材的复述和照搬，而是教师根据教学目的，找出能形成有效教学的知识点，而后确定知识点之间的关系，画出知识点结构图，再根据学生的学习起点，确定教学重难点。学习内容分析过程实际是教师对教材要点重新构思及巧妙安排的再创作过程，是寻求最佳教学方法，传授知识的课堂艺术设计过程。因此，新课程理念下教学设计一定要改变传统的教材观，去除“教教材”的思想，要形成“材料式”的教材观，教材只是一种工具，教师要结合学情，对教材内容作适当增减，设计出更利于学生掌握、更易于学生能力发展的知识体系。

2.4 教学目标确定

2.4.1 教学目标的定义与分类

教学目标（或学习目标），是对学习者通过教学以后将能达到何种状态的一种具体的、明确的表述。教学目标既是教学活动的出发点，又是教学活动的归宿，是教学过程一个不可缺少的组成部分。

西方教育目标分类理论诞生于20世纪50年代，影响较大的有布卢姆、加涅、梅耶等学者的研究。布卢姆将认知行为划分为知识（识记、识别）、领会（理解、释义）、运用（简单应用）、分析（复杂应用）、综合（综合应用）、评价（评析、比较判断）六个层次。加涅将学习结果分为五类：言语知识、智力技能、认知策略、动作技能、态度。如表 2-5 所示。梅耶从广义的知识理论出发，将学习结果分为陈述性知识、程序性知识与策略性知识等。诸多目标分类理论都把学习行为按照从简单到复杂的顺序，进行有层次的划分，旨在揭示学习行为从低级水平向高级水平不断发展的内在的有序性。

我国教育部于 2001 年颁布的义务教育阶段课程标准（实验稿），将教学目标分为“知识与技能”“过程与方法”“情感态度与价值观”三个维度，强调每个领域、每个学科的教学目标要注意三个方面的有机结合，整个教学目标的定位从知识中心向能力中心转变，促使学生知识技能学习的过程成为学会学习、形成态度价值观的过程[14]。

表 2-5　教学目标分类比较

<table>
<tr><th>布卢姆的教学目标分类</th><th>加涅的学习结果分类</th><th colspan="2">新课程标准中教学目标分类</th></tr>
<tr><td rowspan="3">认知领域
（知识/领会/运用/分析/综合/评价六个层次）</td><td>言语知识</td><td rowspan="4">知识与能力</td><td rowspan="5">过程与方法</td></tr>
<tr><td>智力技能</td></tr>
<tr><td>认知策略</td></tr>
<tr><td>动作技能领域</td><td>动作技能</td></tr>
<tr><td>情感领域</td><td>态度</td><td>情感态度价值观</td></tr>
</table>

2.4.2　教学目标的陈述方法

为了使教师更好地把握教学目标，使教学目标能发挥出其应有的教学功能，这是教学目标陈述的基本目的。以研究行为目标著名的马杰（Mager）在 1962 年提出，一个教学目标应包括行为、条件、标准三个基本要素，后来阿姆斯特朗和塞维吉提出有必要在三要素的基础上，加上教学对象的描述，于是 ABCD 目标陈述法就这样形成了。

ABCD 目标陈述法：一个规范的学习目标包括 A、B、C、D 四个要素，其中行为是基本的，不能省略，条件和标准可选择[15]。

A——对象（audience）阐明教学对象。

B——行为（behavior）说明通过学习以后，学习者应能做什么（行为的变化）。

C——条件（condition）说明上述行为在什么条件下产生。

D——程度（degree）规定上述行为应达到的程度或最低标准。

案例：提供 10 道加法算式，小学一年级学生 能算出正确答案，准确率达 90%。

C　　A　　B　　D

ABCD 目标陈述法运用时应注意以下事项。

（1）教学目标的行为主体（对象）是学习者，而不是教师。

行为主体是教学目标的构成要素之一，教学目标分析与设计的工作虽由教师来完成，但阐述的是学习者学习之后的结果，是学生在教师或同伴的帮助下学会了什么，因此默认行为主语是“学生”，而不是“教师”。

（2）教学目标的行为动词须是具体的，而不能是抽象的。

教学目标中，行为的表述是最基本的、不可或缺的部分，说明学习者通过学校后应该获得的能力。描述行为的基本方法是使用一个动宾结构的短语，传统方法表述时，动词多为“了解”“知道”“理解”“掌握”等一些抽象动词，这些词语的含义较广，各人均可从不同角度理解，因而使教学目标的表述不明确，给后续的教学评价带来困难。这些词语可用来表述总括性的课程目标和单元目标，但在编写具体教学目标时应避免使用，编写具体教学目标时可供使用的行为动词参考表 2-6[16]。

表 2-6 新课标中对于“结果性目标”描述的行为动词表

知识		技能		体验性目标	
了解	说出/背诵/辨认 列举/复述/回忆 选出/识别等	模仿	模拟/重复/再现 例证/临摹/类推 扩展等	经历感受	参与/寻找/交流 分享/访问 考察等
理解	解释/说明/归纳 概述/推断/区别 提供/预测/检索 整理等	独立操作	完成/制定/解决 绘制/安装 尝试等	反映认同	认可/接受 欣赏/关注 拒绝/摈弃等
应用	设计/辩护/质疑 撰写/解决/检验 计划/总结/推广 证明等	迁移	联系/转换 灵活运用 举一反三 触类旁通等	领悟内化	形成/具有 树立/热爱 坚持/追求等

2.4.3 中小学信息技术课程三维目标的构成与区分

中小学信息技术新课程要求教师从知识与技能、过程与方法、情感态度与价值观三个维度来制订课堂教学目标，因此深刻理解和区分信息技术三维教学目标是正确书写教学目标的基础。

以高中信息技术新课标为例，课程三维目标如下。

1. 知识与技能

（1）理解信息及信息技术的概念与特征，了解利用信息技术获取、加工、管理、表达与交流信息的基本工作原理，了解信息技术的发展趋势。

（2）能熟练地使用常用信息技术工具，初步形成自主学习信息技术的能力，能适应信息技术的发展变化。

在知识与技能维度，新课程只规定了两条目标，可以很容易发现：第一条目标是关于知识的，学习内容为有关信息或信息技术里的一些重要的概念、工作原理、事实等；第二条目标是关于操作技能的，学习内容为信息技术工具软件：如Word、Photoshop 等工具软件的使用。

2. 过程与方法

（1）能从日常生活、学习中发现或归纳需要利用信息和信息技术解决的问题，能通过问题分析确定信息需求。

（2）能根据任务的要求，确定所需信息的类型和来源，能评价信息的真实性、准确性和相关性。

（3）能选择合适的信息技术进行有效的信息采集、存储和管理。

（4）能采用适当的工具和方式呈现信息、发表观点、交流思想、开展合作。

（5）能熟练运用信息技术，通过有计划的、合理的信息加工进行创造性探索或解决实际问题，如辅助其他学科学习、完成信息作品等。

（6）能对自己和他人的信息活动过程和结果进行评价，能归纳利用信息技术解决问题的基本思想方法。

在过程与方法维度，新课程规定了六条目标，这六条看似涉及面很广，但实际上都归属于问题解决类学习内容。使用的行为动词有："发现""归纳""分析""确定""评价""选择""采用""创作""解决"等。

3. 情感态度与价值观

（1）体验信息技术蕴涵的文化内涵，激发和保持对信息技术的求知欲，形成积极主动地学习和使用信息技术、参与信息活动的态度。

（2）能辩证地认识信息技术对社会发展、科技进步和日常生活学习的影响。

（3）能理解并遵守与信息活动相关的伦理道德与法律法规，负责任地、安全地、健康地使用信息技术。

在情感态度与价值观维度，新课程规定了三条目标，这三条目标没有与哪类具体的教学内容挂钩，使用的行为动词有："体验""激发""认识""理解"等。

通过以上分析，信息技术课程三维目标虽然都是紧紧围绕信息的获取、加工、管理和表达而设定的，但每个维度对应的学习内容类别以及行为动词的表述是不一样的，具体区别见表 2-7。

表 2-7　中小学信息技术课程三维目标的维度区别表

目标维度	学习内容类别	使用的行为动词
知识与技能	概念类、工作原理类、事实类内容以及操作技能类内容	了解、理解、使用等
过程与方法	问题解决类内容	发现、归纳、分析、确定、评价、选择、采用、创作、解决等
情感态度与价值观	无特定的学习内容	体验、激发、认识、理解等

2.4.4 中小学信息技术课堂三维教学目标的制定方法

课时目标（具体目标）是根据学习需要分析和学生特征分析的结果，把从学习内容分析得到的各项先决技能转化成确切、具体的行为目标，制订具体教学目标是教学设计时非常关键的一个环节。中小学信息技术课堂三维教学目标的制订方法如下。

（1）根据学情分析和内容分析的结果，找出列入教学目标的学习内容，并进行学习内容类型划分。

案例：浙教版七上9课《文本框的应用》

准备列入教学目标的学习内容：	内容类型
①电子杂志或小报的不规整页面布局。——————	操作技能
②文本框的文本链接。——————————————	操作技能
③文本框轮廓线设置。——————————————	操作技能
④使用文本框完成一份电子杂志或小报的编排。——	问题解决

（2）参照课程三维目标，采用规范的行为动词完成三维目标的陈述。

案例：浙教版七上9课《文本框的应用》教学目标

知识与技能目标：

① 能使用文本框完成电子杂志或小报的规整和不规整页面的布局。

② 能熟练使用文本框的文本链接功能。

③ 能对文本框的轮廓线进行各种设置。

过程与方法目标：

能熟练运用文本框技术，通过页面布局、图文混排、美化加工创造性地完成一份电子杂志或小报的编排。

情感态度与价值观目标：

通过电子杂志或小报的编辑活动，激发学生创作电子作品的欲望。

2.5 教学策略和教学方法的选择

2.5.1 教学策略的含义与类型

教学策略（teaching strategy）是指为实现某一教学目标而制订的、付诸于教学过程实施的整体方案，它包括合理组织教学过程，选择具体的教学方法和材料，制订教师与学生所遵守的教学行为程序。

教学策略设计的目的是提高课堂教学效率和质量，实现教学的最优化。好的教学策略应是高效低耗，能在规定的时间内完成教学任务、实现具体的教学目标，并能使教师教得轻松，学生学得愉快[17]。

教学策略类型有两种：一种是基本教学策略，一种是特殊教学策略。基本教学策略是指全体教师共同掌握的从事教学活动所必需的方法和技巧，具体分类和优缺点见表 2-8。特殊教学策略是具体到某一方面的教学策略，又可分为两种，一是适用于不同种类教学目标的目标教学策略，如概念教学策略、问题解决教学策略；二是适用于不同学科性质的学科教学策略[18]。

表 2-8　基本教学策略分类和优缺点

	理论观点	具体类型	优缺点
生成性教学策略	学习是知识意义的自主生成过程，学生学习的主要任务不是接受和记忆现成知识，而是主动参与知识的探索和发现过程，教师的主要任务不是传授知识，而是为学生的主动学习创造情境和提供帮助	• 发现学习策略 • 基于 Web 的研究性学习策略 • 尝试教学策略 • 支架式教学策略 • 抛锚式教学策略 • 随机进入教学策略	优点：可以有效激发学生学习动机和兴趣，有利于培养学生发现问题、解决问题的能力，也有助于学生长时记忆 缺点：对学生学习能力要求较高，学习的成功依赖于学生先前已有的知识和学习策略的广度和深度
替代性教学策略	学生的学习是通过教师呈现材料并进行讲解来掌握现成知识技能，无需自己独立发现，只需要接受，然后内化到原有的认知结构中	• 先行组织者教学策略 • 掌握学习策略 • 九段教学策略 • 五环节教学策略 • 示范模仿教学策略 • 情境陶冶教学策略	优点：可以使学生在较短的时间内掌握大量系统的知识，教学要求较低，经济可行 缺点：学生易于依赖教师而缺乏自主学习能力和创新精神的培养，长时记忆效果不理想
指导性教学策略	以学生为主体，以教师为主导，根据任务、环境、学生等不同特征，把生成性教学策略和替代性教学策略加以灵活选择和运用	• 双主教学策略 • 协作学习策略	既适合发挥教师的主导作用，又适合学生自主学习和自主发现

2.5.2　中小学信息技术常用的教学策略

中小学信息技术课堂教学常采用的教学策略有：尝试教学策略、抛锚式教学策略、五环节教学策略、示范模仿教学策略等，这些教学策略的具体实施步骤如下。

1. 尝试教学策略实施步骤

（1）出示操作尝试题：尝试题一般同课本中的操作教学案例相仿或相同，便于学生通过自己阅读课本去解决尝试题。

（2）学生自学课本：尝试题使学生产生了解决问题的愿望，这时教师及时引导学生阅读课本案例。

（3）学生尝试操作：教师巡回视察，及时了解学生操作情况。

（4）教师讲解归纳：学生操作练习后，教师有针对性地进行系统讲解，确保学生全面、系统地掌握知识与技能。

以上步骤是一个有机的整体，一环套一环。在教师指导下，从提出问题到逐步引导问题的解决。

2. 抛锚式教学策略

（1）创设情境：使学习能在和现实情况基本一致或相类似的情境中发生。

（2）确定问题：在上述情境下，选择出与当前学习主题密切相关的真实性事件或问题作为学习的中心内容，目的是让学生面临一个需要立即去解决的现实问题，即“抛锚”。

（3）自主学习：不是由教师直接告诉学生应当如何去解决面临的问题，而是由教师向学生提供解决该问题的有关线索，例如，需要搜集哪一类资料、从何处获取有关的信息资料以及现实中专家解决类似问题的探索过程等，然后让学生根据自定的学习任务与计划表，去获取、应用有关的信息资源。

3. 五环节教学策略

（1）激发学习动机：引起对新内容的兴趣。

（2）复习旧课：帮助学生回顾旧知识。

（3）讲授新课：教师按照学生的认知规律，组织和传递教学内容，促进学生能够对新旧知识建立联系。

（4）应用巩固：运用得出的概念或法则解答问题或做联系，以进一步巩固所学新知识。

（5）检查效果：检查学生对新知识的掌握情况，及时发现教学中存在的不足之处。

4. 示范模仿教学策略

（1）动作定向：教师向学生阐明需掌握的操作技能及技能的操作原理，同时要向学生演示具体的操作动作，使学生明确要掌握的操作技能的要求。

（2）参与性练习：教师指导学生模仿操作练习，并及时提供反馈信息，消除不正确的操作行为和操作方法。

（3）自主练习：在这一阶段，学生基本掌握了操作要领，可以将单个的技能结合成整体技能，通过反复练习，使技能更加熟练。

2.5.3　教学方法的含义与分类

教学方法（teaching methods）是教学过程中教师与学生为实现教学目标和教学任务要求，在教学活动中采取的行为方式的总称。

教学方法类型很多，迄今为止国内外的不少专家学者对教学方法进行了归类。巴班斯基把教学划分为三大类：组织和自我组织学习认识活动的方法、激发学习和形成学习动机的方法、检查和自我检查教学效果的方法。拉斯卡依据在实现预期学习结果中的作用，相应地归类为四种基本的或普通的教学方法：呈现方法、实践方法、发现方法和强化方法。我国李秉德教授按照教学方法的外部形态，以及相对应的这种形态下学生认识活动的特点，把中国的中小学教学活动中常用的教学方法分为以下五类[19]：

第一类："以语言传递信息为主的方法"，包括讲授法、谈话法、讨论法等。

第二类："以直接感知为主的方法"，包括演示法、参观法等。

第三类："以实际训练为主的方法"，包括练习法、实验法、实习作业法。

第四类："以欣赏活动为主的教学方法"，如陶冶法等。

第五类："以引导探究为主的方法"，如发现法、探究法等。

还有一些专家学者认为：现代教学方法可以分成两大类，一类是基本教学方法，有讲授法、讨论法、演示法、实验法、参观法、练习法、阅读法、实习法等。另一类是综合教学方法，是由基本教学法有机结合起来，组成一个整体的教学方法，如任务驱动教学法、范例教学法、情境教学法、游戏教学法、发现教学法、PBL 教学法等。综合教学法的出现是教学法发展史上的又一次飞跃。

2.5.4　目前中小学信息技术新课讲授常用的教学方法

中小学信息技术课堂教学经过这二三十年的发展，以及受国内外各种教学理论的影响，教学方法呈现了百花齐放的趋势。目前中小学信息技术课堂教学方法众多，但最常用的教学方法主要有任务驱动教学法、范例教学法、基于问题的学习（PBL）、讲演练教学法、游戏教学法等[20]。有关这些教学方法的简介、教学过程和教学特点见表 2-9。

表 2-9　中小学信息技术常用的教学方法简介

教学方法	方法简介	教学过程	教学特点
讲授法	教师通过口头语言直接向学生系统连贯地传授知识的方法。从教师教的角度看它是一种传授型的教学手段；从学生学的角度来看它是一种接受型的学习方式	组织教学→导入新课→讲授新课→巩固新课→布置作业	优点：简捷和高效 局限：易使学生产生依赖和期待心理，导致知识与能力的脱节

续表

教学方法	方法简介	教学过程	教学特点
任务驱动教学法	以任务为核心，以学生为主体，以教师为主导，让学生在一个个密切联系学习、生活和社会实际的有意义的“任务”的驱动下展开学习活动	创设情境→分析任务→完成任务→总结评价	优点：有利于激发学生的学习兴趣，培养学生的分析问题、解决问题的能力，提高学生自主学习及与他人协作的能力 局限：任务设计有难度，对教师要求高
范例教学法	教师在教学中选择真正基础的、本质的知识作为教学内容，通过“范例”内容的讲授，使学生达到举一反三，掌握同一类知识的规律的方法	范例地学习“个”→范例地学习“类”→范例地掌握规律和范畴→范例地获得关于世界关系和切身经验的知识	优点：易于培养学生知识迁移能力 局限：难以形成合适范例
基于问题的（PBL）教学法	把学习置于复杂的有意义的问题情境中，通过让学习者以小组合作的形式共同解决复杂的、实际的或真实性的问题，来学习隐含于问题背后的科学知识，发展自主学习和终身学习的能力	创设情境，提出问题→界定问题，分析问题，组织分工→探索解决问题→展示结果，成果汇报→评价总结与反思	优点：构建灵活的知识基础，易发展学生高层次思维能力 局限：花费时间多，难以形成合适的问题情境
讨论法	在教师组织和指导下，以小组为单位，围绕一定的问题和内容各抒己见，展开讨论、对话和辩论	提出讨论主题→列出讨论提纲→讨论前准备→展开讨论→教师总结	优点：易于培养学生批判性思维和口头表达能力 局限：使用范围受限

2.5.5 中小学信息技术教学方法的选择依据

正如前面所述，每种教学方法都有其适用范围和使用条件，都有各自的优点和局限性，没有一种教学方法是万能的，因此课堂教学中要求教师熟练地把握各类教学方法的特性，综合考虑各种制约因素，科学合理地运用适宜的教学方法。具体来讲，中小学信息技术教学方法选择应重点考虑以下三条因素。

1）根据信息技术学科特点选择教学方法

学科性质与教学方法的关系十分密切，信息技术是一门非常注重实践性和操作性的课程，在课程性质上和注重知识传输的语文、数学、物理等主干课程在教学方法上有很大的不同。教学方法上更多地会选择“以直接感知为主的方法”（如演示法）和“以实际训练为主的方法”（如练习法），而“以语言传递信息为主的方法”里的谈话法、讨论法就很少使用。当然讲授法还是会使用到，但绝不会满堂使用，因为信息技术课几乎每节课都是在机房上，上课环境和课程要求都不允许教师从头讲到尾。

2）根据信息技术课堂教学内容特点选择教学方法

信息技术课每一堂课都有着不同的教学内容，它们在课型上不完全一样，有的是新授课，有的是操作练习课，有的是综合课；内容的知识结构、难易程度也不一样，有的教学内容很简单、知识结构单一无层级，而有的教学内容很丰富、知识结构复杂。难度大；有的教学内容抽象晦涩，而有的内容直观生动。教学内容的侧重面各有不同，有的教学内容侧重概念、事实、基本操作，即知识与技能维度目标的达成，有的教学内容侧重问题解决，即过程与方法目标的达成，也有少数教学内容侧重情感目标的达成。教学内容的所有这些特点都是教学方法选择时所必须考虑的因素。

3）根据学生实际特点选择教学方法

学生是学习的主体，教学方法的选择必须依据学生的实际情况而定。不同年龄段的学生有着不同的认知特点，如小学生的心理特点是直接经验少，理解能力相对较弱，思维形式正处在由具体形象思维逐步向抽象逻辑思维过渡的阶段。因此，信息技术教师应该多使用一些生动形象的直观教学方法；而对高中学生而言，思维具有更高的概括性，理论思维开始形成，逻辑思维成熟，信息教师在运用教学方法时，宜选择逻辑推理较强的教法。同一年龄不同层次或不同班级的学生，其学习能力和学习风格也有很大的区别。有些班级思维活跃、反应迅速，有些班级沉闷无趣。这都需要教师及时观察分析，采取灵活多变的教学方法，因材施教，让全体学生学有所长。

中小学信息技术教学方法的选择案例：浙教版七上 9 课《文本框的应用》

本课学习内容特点、学情、教学目标分析。

（1）课型：综合技能操作课。

（2）知识结构：知识点多、结构复杂。

（3）学习内容难易程度：难。

（4）教学目标侧重：技能目标和过程与方法目标。

（5）学生特点：七年级学生，参与感和表现欲强。

基于以上对这堂课的学习内容特点、学情和教学目标侧重点的分析，这是一堂知识点多、难度大、时间紧迫的综合技能操作课，对于这样的课，选择走技术模仿和自主创新的路子是比较恰当的。技术模仿阶段选择省时高效的范例教学法，自主创新阶段选择以教师为主导、学生为主体的任务驱动教学方法。

2.6 教学资源的选择和设计

2.6.1 教学资源的概念和组成

教学资源是为教学的有效开展提供的素材等各种可被利用的条件，通常包括教材、案例、影视、图片、课件等，也包括教师资源、教具、基础设施等。

根据 AECT'94 定义，教学资源主要由三部分组成：教学材料、教学支持系统和教学环境。

（1）教学资料蕴含了大量的教育信息，能创造出一定教育价值的各类信息资源。信息化教学资料指的是以数字形态存在的教学材料，包括学生和教师在学习与教学过程中所需要的各种数字化的素材、教学软件、补充材料等。

（2）支持系统主要指支持学习者有效学习的内外部条件，包括学习能量的支持、设备的支持、信息的支持、人员的支持等。支持系统作为资源的内容对象与学习者沟通的途径，实现了媒介的功能。

（3）教学环境是学习者运用资源开展学习的具体情境，不仅是指教学过程发生的地点，更重要的是指学习者与教学材料、支持系统之间在进行交流的过程中所形成的氛围[21]。

2.6.2 中小学信息技术教学材料的选择和设计

按照迪克-柯瑞教学模式，选择和开发教学材料是继教学策略开发后的一项重要的教学设计环节，但目前我国中小学学科教学设计理论和实践都不是特别重视这一项内容。对于中小学信息技术学科而言，这是一项非常重要和关键的教学设计环节。

1. 中小学信息技术教学材料的选择和设计的必要性

以材料呈现教学内容、以相关问题展开教学过程是中小学信息技术课堂教学的普遍模式，教学材料的引用既有激发学生学习兴趣、突出重点、突破难点的作用，又有转变学习方式、提升学生信息素养的作用。正如选料对于成就美味相当关键一样，选材对于成就一堂好课也很关键。

教材是教学材料的重要组成部分，但由于种种原因，中小学信息技术教材的适用性不强，教师如果照搬教材上课，不对教学内容进行合适的处理，课堂教学效果往往很一般。这种现象在中小学信息技术的一些观摩课和公开课上尤其突出。反响好的课，教师通常不使用教材中的案例和素材，他们或引入或开发新的教学材料，并对教学内容进行创造性的处理，由此取得了理想的教学效果，这都证明了材料的选择和设计是很有必要的。

2. 中小学信息技术教学材料的选择和设计的方法和步骤

（1）根据此前的学习需求分析和教学方法的选择，列出需要重新设计和开发的教学材料。

教学材料是落实中小学信息课程目标和内容的基本载体，前端的教学分析和教学方法是教学材料选择的依据。为了让教学材料选择更为科学合理，教师应按照教学顺序对教学材料依次进行编号，并从名称、作用、使用阶段、形式、来源等几个方面对教学材料进行细致的描述（表 2-10）。

表 2-10 教学材料选择表

编号	材料名称	作用	使用阶段	形式	来源
1	电子小报（3份）	教学范例，用来激发学生学习兴趣，完成新知讲授、突破教学重难点	导入阶段、有关页面布局、图文混排和作品美化的新知讲授	Word 文档、成品	网络下载
2	任务素材	提供素材，让学生自由创作一电子小报	任务完成阶段	Word 文本、图片	网络下载

案例浙教版七上 9 课《文本框的应用》教学材料选择

从上面案例可以看出，该教学设计没有选择教材中的素材，原因有以下几个方面：一是教材里的电子杂志素材（图 2-11）缺乏趣味性和美观性，这样的教学范例不能给课堂教学提供有效的、形象生动的教学情境，不能充分激发学生的学习兴趣和动手操作的欲望。二是教材提供的电子杂志素材技术含量低，是沿袭小学信息技术的低水平重复学习，白白浪费学生宝贵的学习时间。

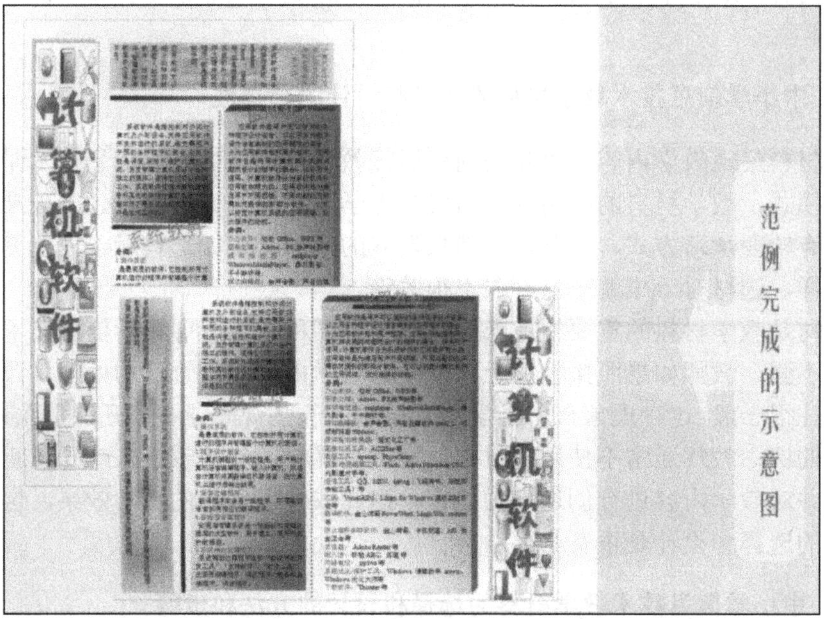

图 2-11 教材中使用的教学作品案例

（2）根据教学材料选择表，依次选择、设计和开发所需的课堂教学材料。

学生对知识点的掌握、对操作技能的熟悉、对情感的体验，通常是围绕教学材料展开的。虽然选择、设计、开发教学材料是一件极为费心费时的工作，但作为中小学信息技术教师必须做好这至关重要的一步。信息技术教学材料的选择、设计和开发总的原则是：立足学生，追求趣味、真实、典型、美观、创意。

案例浙教版七上9课《文本框的应用》教学材料选择、设计和开发

电子小报（成品，图2-12、图2-13、图2-14）。这是本堂课最为重要的一组教学材料。相比教材提供的教学材料，这组教师从网络上精选出来的教学材料

图2-12　电子小报案例一

图片来自：http://www.nipic.com/show/5556809.html

图2-13　电子小报案例二

图片来自：http://www.nipic.com/show/5556809.html

图 2-14　电子小报案例三

图片来自：http://www.nipic.com/show/5556809.html

无论在知识性、技术性、美观性、创新性等方面都是前者所不能比拟的。本次课采用的是示范模仿教学策略，学生在课堂开始阶段主要是通过“看中学”，即通过观察和模仿吸取大量的外部知识，快速提高自身的技能和创新能力。人们常说技术模仿创新是中小企业以最小代价、最快速度追赶世界先进技术的最佳途径，同样在中小学信息技术课上，技能的模仿创新也是学生以最快速度达到较高层次信息素养水平的绝佳方法。

此外本堂课教师还给学生准备了另外一份教学材料，它由两个 Word 文档和 10 个图片组成（图 2-15），在学生完成任务阶段以素材包形式下发给每一位学生，目的是让学生在有限的时间内高质量地完成实践内容。

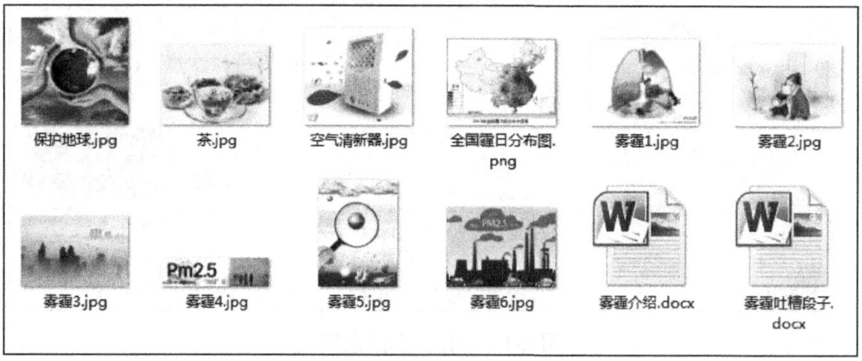

图 2-15　电子小报制作素材包

2.6.3 教学媒体的选择

1. 教学媒体的概念、类别和作用

媒体是指承载、加工和传递信息的介质或工具。当某一媒体被用于教学目的时，作为承载教育信息的工具，则被称为教学媒体。教学媒体是教学内容的载体和表现形式，是师生之间传递信息的工具。

教学媒体的分类方法繁多，常见的分类如下：

（1）按照媒体使用时用“电”与否，可分为传统教学媒体和现代教学媒体两大类。

（2）按照媒体的制作方式，可分为印刷和非印刷两大类。

（3）按照媒体的物理性能，可分为光学投影媒体、电声媒体、电视媒体和计算机媒体。

（4）从传递信息的范围来看，可分为有限接触和无限接触等两类。

（5）从能否及时反馈信息来看，可分为单向和双向两类。

（6）从传递信息与现实事物的关系来看，可分为实物型、模拟型和符号型等三类。

教学媒体在课堂教学中的作用有：A．提供事实，建立经验；B．创设情境，引发动机；C．举例验证，建立概念；D．提供示范，正确操作；E．呈现过程，形成表象；F．演绎原理，启发思维；G．设难置疑，引起思辨；H．展示事例，开阔视野；I．欣赏审美，陶冶情操；J．归纳总结，复习巩固；K．其他（包括突出、强化教学重点，突破、化解教学难点）[22]。

2. 中小学信息技术课堂教学中媒体的选择与运用

一般情况下中小学信息技术课都是在多媒体网络教室开展的，现代教学媒体的使用成为课堂教学的首选是勿庸置疑的，正是长期处在多媒体网络环境下教学，传统媒体渐渐淡出了中小学信息技术教师的视野。经常可以发现：有些信息技术教师只带课件等电子文档上课，实物、挂图等传统媒体远离课堂，另外还可以发现：中小学信息技术教师普遍不重视体态语言和板书，经常一堂信息技术课下来，黑板上没有一个字，较之现代教学媒体，传统教学媒体在中小学信息技术课堂教学中处于完全被教师忽视的地位。

每一媒体都是有其独特的功能属性和优缺点，多媒体虽然具有呈现知识容量大、形象生动等优点，但容易导致感官“视觉+心智”疲劳，长时间使用很容易使学生产生“乏味”之感。传统教学虽然在形象性和信息显示方面存在着明显的劣势，但简便易行、经济实惠，是无数教育工作者通过开发、实

验、积累研究出来的行之有效、历史悠久的工具，与现代教学媒体有互补性。如传统的“黑板+粉笔”模式：教师在现场边讲解边板书，将讲授的主要内容按一定的形式有条理地呈现在黑板上，同时给了学生思考的时间，有助于学生更好地突破难点、掌握重点，进而提高教学质量，对于需要缜密思路分析的学习内容（如程序设计中的算法）就非常适合。又如，实物展示、挂图等传统的教学媒介对于学生的亲身体验和感受等都有着自身积极的作用。正如古人所云“骏马能历险，耕田不如牛；坚车能载重，渡河不如舟”。教师只有根据媒体各自的功能优化组合，使传统教学媒体与现代教学媒体配合使用，才能提高课堂教学效率[23]。

案例浙教版七上 9 课《文本框的应用》教学板书设计

（1）页面设置：A4 大小、页边距为窄。

（2）页面布局：规整布局→插入多个文本框；不规整布局→文本框翻转。

（3）文本链接：选中第一个文本框→点击“创建链接”→到第二个文本框中单击。

（4）图文混排。

（5）作品美化：字体格式、文本框线条设置和颜色填充。

2.7　教学过程设计

2.7.1　教学过程的基本概念和环节

教学过程是指教学活动的展开过程，是教师根据一定的社会要求和学生身心发展的特点，借助一定的教学条件，指导学生主要通过认识教学内容从而认识客观世界，并在此基础之上发展自身的过程。教学过程是教师与学生、教与学组成的双边活动过程。

教学过程分阶段进行，德国哲学家与教育家赫尔巴特把教学过程分为四个阶段：①明了，即要求学生专心致志学习新课题的各个要素，达到正确理解为止；②联合，建立新概念与已知概念的联系；③系统，突出主要思想，把知识整理成贯通的系统；④方法，指导学生独立思考，运用系统知识进行练习作业。苏联教育学家凯洛夫则将教学过程概括为六个环节：组织上课，检查复习，提出上课的目的、内容和要求，讲授新教材并明确内容要点，检查巩固所学的知识和布置作业。

现代教学理论认为教学过程一般经过四个阶段：①引导学生获得感性知识；②引导学生理解知识；③引导和组织学生进行实践作业；④检查和巩固知识。教学过程虽然由几个相互渗透、相互促进的环节组成，但并不是每一堂课的教学都必经这些步骤，不能作为呆板的公式看待。教学过程既可以由具体到抽象，又可以由抽象到具体；既可以由认识到实践，又可以由实践到认识[24]。

2.7.2　中小学信息技术三种课堂教学过程设计类型

广义知识观将知识分为陈述性知识、程序性知识、策略性知识三种类型，对应这三种知识教学的分别为讲授型课堂、练习型课堂和探究型课堂。这三种类型的中小学信息技术课堂教学过程的具体实施步骤和教学方法见表2-11。

表2-11　三种课堂教学类型

课堂类型		适用知识类型	教学方式	教学过程实施步骤
讲授型课堂	逻辑归纳	概念和简单规则的学习	学生通过教师设置的教学情境，提出或理解学习的问题，在教师进行事实列举、案例分析的基础上，或者通过学生做练习或任务，归纳概念或规则要点，最后通过强化训练达到知识与技能习得的目的	① 情境设置、问题导入 ② 事实列举、案例分析 ③ 学生操作练习 ④ 归纳要点、总结 ⑤ 强化训练
	逻辑演绎	规则的使用、问题的解决	从点到面的教学方式，教师通过呈现典型案例、分析案例、解释现象，推理出原理并用于解释同类事例，并通过反馈和强化达到能力习得的目的	① 事实呈现 ② 分析、解释、推理 ③ 呈现相关现象 ④ 利用原理解释 ⑤ 反馈与评价
练习型课堂		程序性知识的学习和示范	以学为主的教学模式，模式中突出现代教学媒体的示范作用，学生通过模仿操作练习，习得知识和能力，最终目的是促进学生将习得的概念和规则在新情境中运用	① 导言 ② 提供观察对象 ③ 提出练习要求 ④ 学生练习 ⑤ 归纳总结
探究型课堂		概念和规则的学习	学生通过教师设置的教学情境，或提出的学习问题，通过列举事实、做实验或发现线索，主动归纳总结概念或现象规律，形成归纳能力，最后通过强化练习或情境迁移达到习得知识技能的目的	① 创设情境、确定探究任务 ② 形成问题、明确探究方向 ③ 小组协作、开展探究活动 ④ 交流汇报、评价探究结论

2.7.3　中小学信息技术教学过程设计方法

教学过程设计是课堂教学设计的关键所在，前面进行的学习需求分析（学习内容、学情、教学目标、教学重难点）和教学方法、教学资源的选择等工作，都将在教学过程设计中得到体现。教师在设计教学过程时，首先将准备在课堂教学中进行的所有活动进行梳理，使这些活动成为一系列符合逻辑的教学环节，然后为每个教学环节设计一组教学事件。

中小学信息技术课堂教学环节的具体设计有以下三种方法。

1. 流程图方式

该方式是以流程图描述方式将教学设计的各个环节表述清楚，为了便于教学和交流，统一使用下列图形符号（表 2-12），将教学过程设计制作成流程图。教学过程流程图是近几年教科研活动中经常应用的一种课堂教学过程图示，具有设计科学、应用方便、美观明了等特点，教学过程流程图（图 2-16）是浓缩了的教学过程。

表 2-12　流程图所用图形表示的意义

图形	意义
	开始、结束
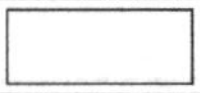	教学内容、教师活动
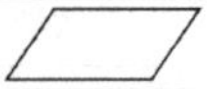	学生学习活动
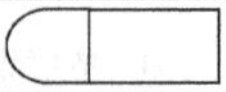	教师应用教育技术媒体
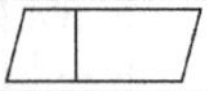	学生应用教育技术媒体
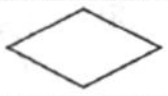	教师归纳、判断、推理
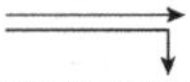	各图间的连接、进程方向、时间
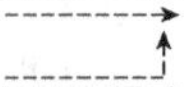	信息反馈

案例浙教版七上 9 课《文本框的应用》教学流程

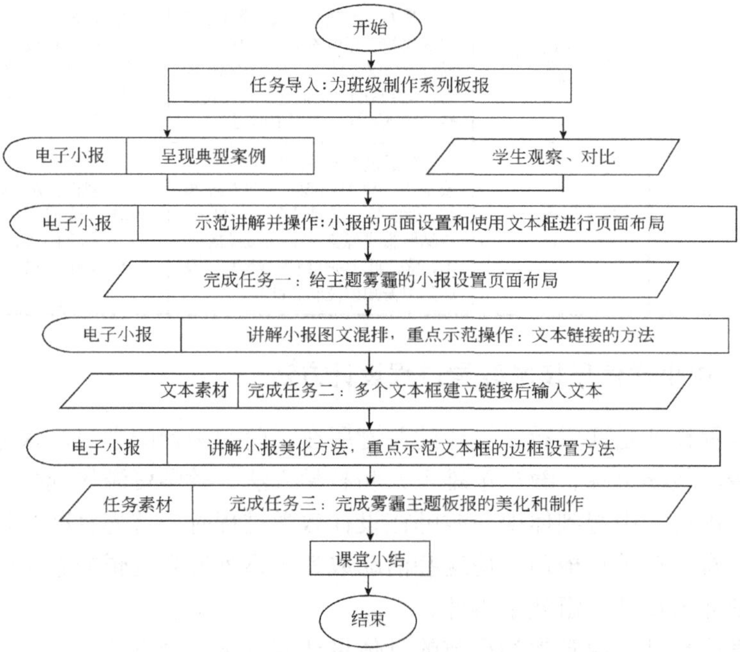

图 2-16　教学过程流程图

2. 表格描述方式

该方式是以表格描述方式将教学设计的各个环节表述清楚，表格的具体构成如表 2-13 所示。

表 2-13 教学过程设计用表

教学环节	教师活动	学生活动	设计意图
教学 环节 名称	如何提出问题？ 如何呈现资源？ 怎样突破重难点？ 怎样促进生生、师生互动？ 操作任务怎样设计和落实？ 如何总结提升与内容延伸？ 等一系列课堂教学活动	学生对问题思考的可能状态分析 学生对课堂操作任务完成情况分析等	阐述要这么设计的理由，体现哪些认识和追求，设计背后的理论支撑又是什么等

案例浙教版七上 9 课《文本框的应用》教学过程设计

表 2-14 《文本框的应用》教学过程设计

教师活动	学生活动	设计意图
环节一：问题导入，激发兴趣（1 分钟）		
教师活动	学生活动	设计意图
【问题设疑】 提问：世界上最远的距离不是天涯与海角，而是你站在我面前我却看不见你。这是为什么呢？ 【导入主题】 这一期学校板报的主题是：宣传雾霾带来的危害，今天课堂学习任务是：完成这一期板报的制作	回答教师的问题	通过问题快速导入，吸引学生注意力又能准确地让学生明白这节课要做的事情
环节二：回顾旧知：小报制作有流程（4 分钟）		
教师活动	学生活动	设计意图
【出示作品案例】  案例一  案例二  案例三 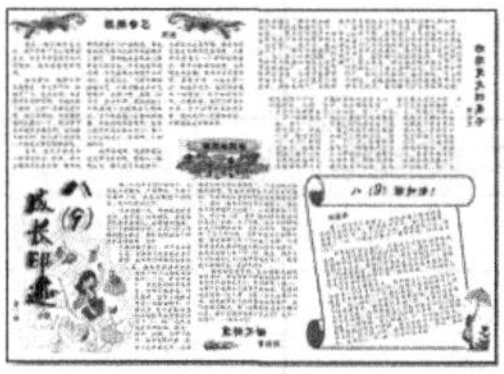 案例四 提问：哪一份是小学时候做的？更喜欢哪一份？为什么？	观察教师所给出的四份电子小报，思考判断做出自己的选择，并说明理由。	通过比较不同作品培养学生的观察力和判断力。另外优秀的作品案例能充分激发学生动脑并动手亲自探究的欲望。
【回忆旧知：小报制作的流程】 4 张小报虽然不一样好看，但制作流程一样，回忆小学时候，小报的制作流程是怎样的？ 页面设置－页面布局－导入素材－图文混排－作品美化	努力回忆旧知，回答问题	通过回忆和回答问题进一步强化小报制作流程

续表

环节三：我的页面我做主（10 分钟）		
教师活动	学生活动	设计意图
【页面设置】 边示范边讲解。单击页面布局对新建文档的纸张方向和纸张大小进行设置。 【页面布局】 1．单击“插入”菜单中的“文本框”按钮，依次插入多个文本框。拖动文本框进行规整页面布局。 2．提问：如何利用文本框，实现案例二中的非规整页面布局（翻转文本框）？ 【布置任务一】 给主题雾霾的小报设置合适的页面大小并进行版面布局	观察教师操作，思考回忆操作步骤。 观察教师操作，思考回忆操作步骤。 思考并回答问题。 学生完成任务一	通过回忆和观察进一步强化页面设置操作方法。 通过观看教师操作、回答教师提问，再动手操作，从而有效突破本课教学重点和难点之一
环节四：图文并茂手拉手（15 分钟）		
教师活动	学生活动	设计意图
【文本链接】 以案例二中“考试滋味”为例，让学生思考，如何让同一段内容放在两个文本框中？  介绍新工具“文本链接”的操作步骤：选中第一个文本框，在“绘图工具—格式”选项卡上的“文本”组中，单击“创建链接”。然后将变了形状后的鼠标移动到第二个文本框中单击。 【图文混排】 以案例二中“考试滋味”为例，插入图片，设置格式，同时调整文本框大小、位置等，实现图文混排。 【布置任务二】 根据教师提供的素材，对某两个文本框建立链接后导入文本，再导入图片完成小报初步图文混排 	学生思考。 带着问题观看教师操作。 回忆先前所学，观看教师操作。 完成任务二	提出问题，激发学生学习新技术的动机。 带着问题，通过观看教师操作、再动手操作，从而有效突破本课另外一个难点
环节五：美化有方我来做（10 分钟）		
教师活动	学生活动	设计意图
【颜色搭配】 讲解文本框进行填充色。 【文字美化】 字体格式设置：竖排等。 【轮廓变化】 讲解文本框线条设置。 【布置任务三】 完成雾霾主题板报的美化和制作	听教师讲解小报美化的三个方法。并完成任务雾霾主题板报的美化和制作	通过给小报美化，培养学生精益求精的品格

续表

环节六：总结评价（5分钟）		
教师活动	学生活动	设计意图
【展示优秀作品】 向学生展示优秀作品。 【颁发奖励】	观看作品并评析	鼓励创新、激励优秀，激发学生的创作欲望

3. 文字直叙方式

该方式是以文字叙述的方式将教学设计的各个环节表述清楚。

案例浙教版七上15课《公式与函数》教学过程设计

（1）回顾旧知，提出问题。

① 回顾上节课我讲的一个数学故事：棋盘上的麦粒，通过计算公式来求出各个单元格上麦粒的数量，即回顾怎样在Excel表中用公式法表示（A2=A1*2）（图2-17）。

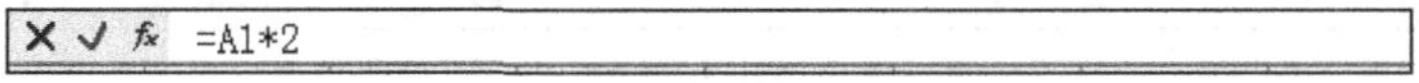

图2-17 用公式法表示A2=A1*2

② 让同学们打开事先传给他们的表一，用公式法将四所工厂的季度收入加起来求出年总收入（图2-18）。

慈溪市某四家工厂2006年收入情况一览表（一） 单位：万元					
工厂名字	第一季度	第二季度	第三季度	第四季度	年总收入
工厂甲	267	299	300	298	
工厂乙	198	213	219	254	
工厂丙	370	356	375	279	
工厂丁	278	249	285	291	

图2-18 根据季度收入求年总收入（公式法）

③ 让同学们打开表二，将四家工厂的每月收入加起来求出年总收入（图2-19）。

			慈溪市某四家工厂2006年收入情况一览表（二）单位：万元										
工厂名字	一月份	二月份	三月份	四月份	五月份	六月份	七月份	八月份	九月份	十月份	十一月份	十二月份	总和
工厂甲	267	299	300	298	278	287	319	279	297	276	266	302	
工厂乙	198	213	219	254	268	276	296	296	269	289	300	294	
工厂丙	370	356	375	279	301	392	327	310	301	268	255	277	
工厂丁	278	249	285	291	254	275	286	299	287	248	299	259	

图2-19 根据月收入求年总收入（公式法）

④ 教师提出两个问题，带领学生回忆旧知识，让学生在陆陆续续回答出问题的过程中，总结求和的操作程序步骤。

大家觉得用公式法来求和的方法好不好？

请同学们回忆一下我们上节课讲过的在Excel表中的工具栏，我们还可以用什么方法进行求和？

（2）自主探究，引出主题。

① 自主探究用其他方法求出最后结果（图 2-20）。

			慈溪市某四家工厂2006年收入情况一览表（二）单位：万元										
工厂名字	一月份	二月份	三月份	四月份	五月份	六月份	七月份	八月份	九月份	十月份	十一月份	十二月份	总和
工厂甲	267	299	300	298	278	287	319	279	297	276	266	302	
工厂乙	198	213	219	254	268	276	296	296	269	289	300	294	
工厂丙	370	356	375	279	301	392	327	310	301	268	255	277	
工厂丁	278	249	285	291	254	275	286	299	287	248	299	259	

图 2-20　根据月收入求年总收入（其他方法）

② 巡视学生操作，及时发现学生在完成任务中出现的问题，给他们做适当指导，同时鼓励他们积极去探索。

③ 请完成的同学上台进行演示，希望没有完成和不会的同学仔细观看。让演示的同学边演示边讲解。

④ 教师引导总结（两个方法）（图 2-21）。

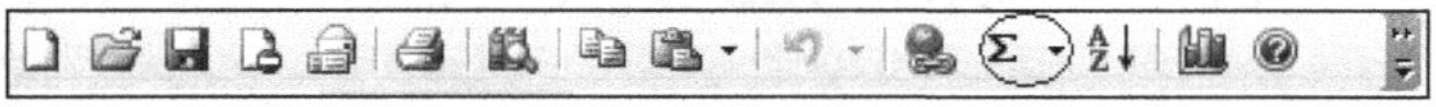

图 2-21

用幻灯片展示函数法，即告知学生在 Excel 表中自带了一种简单的处理数据的方法，那就是函数（图 2-22）。

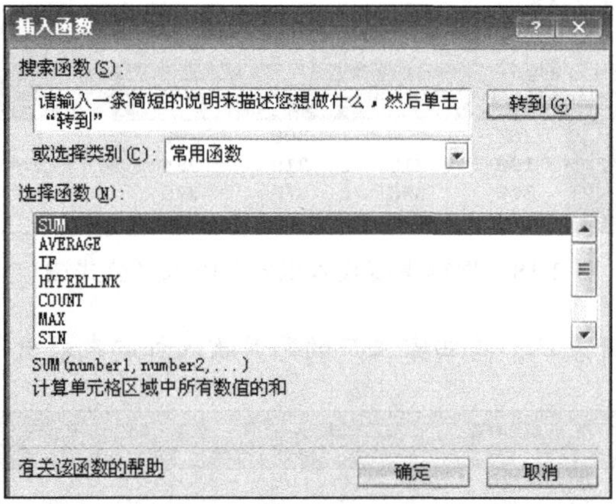

图 2-22　函数的插入

（3）解决问题、体验成功感。

① 对上一个环节学生操作情况做一个简短的小结，鼓励学生在遇到难题时可以相互帮助。

② 还没有完成的同学继续完成，对完成任务比较快的同学，设置拓展任务：用函数法求四家工厂中年收入最高的工厂以及这四家工厂平均年收入（图 2-23）。

3	慈溪市某四家工厂2006年收入情况一览表（一）				
4	工厂名字	第一季度	第二季度	第三季度	第四季度
5	工厂甲	267	299	300	298
6	工厂乙	198	213	219	254
7	工厂丙	370	356	375	279
8	工厂丁	278	249	285	291
9	最高数				
10	平均数				

图 2-23　用函数法求解

设置这个拓展任务，可以预见学生通过实践，会生成这样的结果：

a. 数据结果出现乱码。

b. 结果与准确答案不一样。

说明：这里有一个小陷阱，因为求出平均值和最大值的单元格和原来数据所在的单元格相差一行，要求学生在利用函数的时候一定要注意数据范围要准确（图 2-24）。

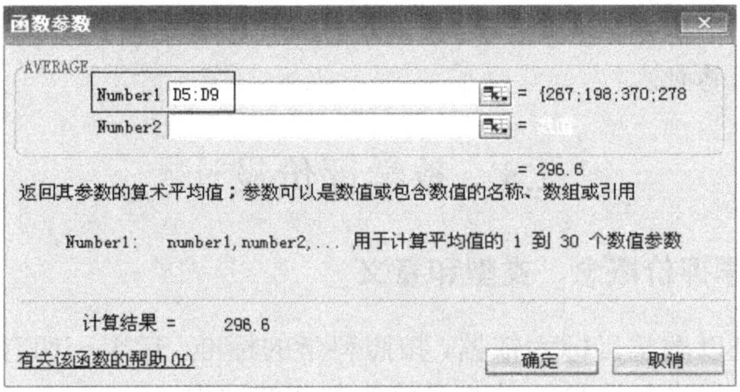

图 2-24　函数参数的设置

教学意图：在这个环节中设置这个拓展任务，目的是巩固学生对函数法的应用，同时更要培养他们自己探索的能力。

（4）总结巩固和课堂评价（10 分钟）。

① 利用今天所学到的知识处理图 2-25 中的数据，就是某家工厂在第二年季度收入都有所增长，分别增长了若干百分比，要求根据增长的幅度求出该厂季度收入和年总收入。

慈溪市某四家工厂2006年收入情况一览表					单位：万元
工厂名字	第一季度	第二季度	第三季度	第四季度	2007年总收入
工厂甲	267	299	300	298	

图 2-25　根据增幅求收入

教学意图：这一个任务必须采用公式法，用函数不能够解决问题，目的在于让学生对公式法和函数进行比较（图 2-26），各有各的优缺点。

比较	公式法	函数
优点	试用范围广	操作简单
缺点	操作麻烦	适用范围小

图 2-26　公式法与函数法的对比

② 得出结论，公式法操作麻烦但是适用范围广，函数法操作简单但是适用范围小。

③ 总结评价，通过这堂课的学习，学生学会了用不同的操作方法来进行数据的统计。给学生的这三张表是慈溪市的某四家工厂的实际情况，让学生充分认识到改革开放以来，特别是杭州湾跨海大桥的建造给慈溪经济带来的影响。

④ 布置作业。

a. 将余下的数据完成处理，得出最后的结果。

b. 研究任务：老师向大家传输一份电子表格《2000 年全国各省固体废弃物情况》，运用表格数据，计算各省废弃物处理率的最大值、最小值，以及废弃物处理率大于 90%、小于 70%的省份个数，并对应计算各省处理的废弃物量和剩余的废弃物量及全国总数。

2.8　教学评价设计

2.8.1　教学评价概念、类型和意义

教学评价是以教学目标为依据，按照科学的标准，运用一切有效的技术手段，对教学过程及结果进行测量，并给予价值判断的过程。

根据评价在教学活动中发挥作用的不同，教学评价分为诊断性评价、形成性评价和总结性评价三种类型（表 2-15）。诊断性评价也称教学前评价或前置评价，一般是在某项活动开始之前，为使计划更有效地实施而进行的评价；形成性评价是在教学过程中，为调节和完善教学活动，保证教学目标得以实现而进行的确定学生学习成果的评价；总结性评价又称事后评价，一般是在教学活动告一段落时为把握最终的活动成果而进行的评价。

教学评价是教学过程的重要组成部分，具有非常重要的意义。科学地开展教学评价，一方面能给教师及时反馈学生的学习和教学目标的达成状况，让教师了解学生学习过程中存在的问题和造成学习困难的原因，促使教师及时调整教学计划和教学方法，通过改进教学措施有针对性地解决教学中存在的各种问题，从而提高课堂教学的有效性；另一方面，及时、适度、准确的评价是对学生学习成果的价值观念的认同，能使其在心理上获得成功感和满足的体验，从而进一步激发他们的学习积极性和创造性。

表 2-15 诊断性评价、形成性评价和总结性评价的对比[25]

类型要点	诊断性评价	形成性评价	总结性评价
实施时间	教学之前	教学过程中	教学之后
评价目的	摸清学生底细以便安排学习	了解学习过程，调整教学方案	检验学习结果，评定学习成绩
评价方法	摸底测验、态度情感调查、观察访谈等	经常测验、作业分析、日常观察	考试或考查
作用	查明学习准备情况和不利因素	确定学习效果	评定学业成绩

2.8.2 信息技术课程教学评价的现状和对策

信息技术是一门非常年轻的学科，成为中小学必修课的历史很短，在一些家长、学生和学校眼里往往被认为是一门“不重要”的学科。因此信息技术课程的教学评价历来没有引起各方足够的重视，教学评价随意而为，如有的学校沿用了其他课程传统的评价方式，通过一张试卷，就完成了对学生的评价；有的学校虽然采用上机操作考试，但只注重结果，不注重过程和情感态度；还有的学校根本没有对学生进行评价，放任自流。目前学生中普遍存在“喜欢玩电脑，不喜欢上信息技术课”的不正常现象，这是因为不少信息技术课堂教学中没有正确运用适合信息技术课程特点的评价方式对学生进行及时客观的评价，也没有通过评价来激发学生的学习兴趣，调动学习的积极性和主动性。

针对以上种种问题,中小学信息技术教学评价应该从以下几个方面着力改进。

（1）树立“全程的评价观”，对“教—学”过程的设计和规划转变为对“教—学—评价”过程的设计和规划。

信息技术是一门非常重视实践性和操作性的课程，学生只有通过亲自动手实践才能真正掌握所学内容，才能提升其信息素养、参与意识、情感体验、探究能力以及创新能力等，传统的仅通过最后的纸笔测验考查学生学业成绩的评价方式显然不能满足信息技术教与学的需要，重视过程性评价是信息技术教学的必然选择。只是目前国内的信息技术课程都不能留课外实践作业，知识的新授和巩固都必须在课堂内完成，这也注定了信息技术作业评价必须在课堂内进行。因此，过程性评价设计是信息技术教学设计的一个不可或缺的组成部分，要改变以往“教—学”过程的设计为“教—学—评价”过程的设计。

（2）采用灵活多样的评价方式。

信息技术新课程标准倡导教师运用多种评价方法、评价手段来综合考评学生对知识和技能的掌握情况以及学生在情感态度、创新能力和运用知识分析解决实际问题的能力等方面取得的进步和变化，并指出：评价应针对不同内容和不同课程目标，适当选择和灵活运用评价方式。如“知识和技能”内容采用笔纸或上机练习测验等定量评价方式，“过程与方法”内容采用“主题电子作品”“综合学习活动”等完成质量的表现性评价方式。“情感态度与价值观”内容宜采用教师观察记录学生在学习信息技术过程中所表现出的学习兴趣、学习态度、交流合作和信息道德等形式来评价。课堂教学中教师还应利用一些体态语言，如鼓掌、点头、赞许的目光、宽容的微笑等，向学生及时反馈评价信息。

（3）分层评价，落实因材施教。

因受社会、家庭、学习经历、性别、学习方式与能力等多方面的影响，不同学生的信息素养差异很大。“关注全体学生，不让每一个学生掉队”是信息技术新课标的重要理念之一，如何让每个学生体验到信息技术学习成功的喜悦？在信息技术操作练习环节，教师设计开放的多元化学习任务，实施分层教学和分层评价是解决学生差异问题、让人人学有所长是根本之策。因此，教师在学习新知识过程中，要善于为那些低水平的学生创造一个不易失败的情境，把合适的问题和机会留给他们，同时给高水平的学生提供具有挑战性的问题和活动，鼓励每个学生积极参与学习。然后对不同层次的学生采用不同的评价标准，注重衡量他们在不同起点上的各方面能力的提高，而不是看重他们是否都达到了某一共同的标准。充分发挥评价的导向功能和激励功能，促进各个层次的学生共同进步发展。

（4）发挥教师在评价中的主导作用，创造条件实现评价主体多元化。

随着教育过程的民主化、人性化进程，改变教师评价学生的一元化现象，将学生自评、互评、家长评、网友评等一起加入到评价体系中已成为教学评价的新趋势。在信息技术课堂教学中，教师要善于通过学生的自评和同学间的互评来拉近学生之间的距离，使学生在清楚认识自我的同时相互学习、相互帮助、共同提高。有时也可以利用网络的优势，将学生的作品发布出去，让网友也参与到评价中，为学生提供建设性的指导意见。

2.8.3 信息技术课堂教学评价设计方法和步骤

1. 根据学习需求分析结果，选择恰当的评价方式

评价设计是教学设计不可或缺的组成部分，前端的学习需求分析，包括学情和学习内容分析、教学目标确定，是教学评价方式选择的主要依据。

根据传统的分类方法，可将教学中常用的评价方法分为以下四种大类型[26]。

（1）选择—反应测验：让学生从提供的各个答案中选择正确的或最佳的答案，题型方式为选择题、是非题（或判断题）和匹配题等。

（2）补充—反应测验：让学生通过补充一个单词、短语或一篇完整的话语做出反应，题型方式为填空题、简答题等。

（3）限定性表现性评价：关注学生在一个结构良好的限制性的任务中的实际

表现。例如，按照明确的要求给一段文本设置格式；按确切要求制作一个多媒体作品；按要求写出一段程序语言；根据提供的关键词使用搜索引擎查找信息等。

（4）拓展性的表现性评价：涉及更综合、结构化较差的操作性任务，例如，根据对当地生活污水的处理状况，制作一篇关于环境保护的多媒体演示文稿；使用计算机软件分析当地近百年来的气候变化等。

一般而言，有关信息的概念、事实等陈述性知识选择（1）或（2）评价方式是比较合适的，可以通过笔纸、上机题库、口头问答等形式考核；而有关学生的操作技能、过程方法、情感态度选择（3）或（4）评价方式比较恰当。

2. 设计表现性任务

表现性评价是在20世纪90年代美国兴起的一种新型评价方式，教师运用真实的任务或模拟的练习来引发学生真实的反应，并按照一定标准进行直接的观察、评判。表现性评价特别适合用来评价学生的信息技术操作能力和运用信息技术解决问题的能力，是信息技术课堂最常用的评价方式，但表现性评价能否达到预期目标，很大程度上取决于表现性任务的设计是否科学合理[27]。

信息技术表现性任务的设计工作通常不是在最后阶段单独完成的，而是贯穿于学习内容分析、教学目标确定、教学资源选择、教学过程设计等多个环节中的，这也正是“教—学—评价”的全程评价设计观所提倡的。以浙教版七上9课《文本框的应用》这一课为例，从前面的教学设计：学习内容分析、教学目标确定、教学资源选择、教学过程设计等结果中，可以清楚地知道这一课的表现性任务是：学生完成一份有关雾霾主题的电子板报，这个任务是由三个阶段（小任务）依次分步进行的，每个阶段都有学生必须完成的操作要求。

表现性任务设计要遵循一定的原则：任务要真实、要有趣味性；任务要有梯度、有针对性；任务设计要具体化、可检查，要面向全体学生，要体现新课程理念等。具体要求和案例分析详见3.3节内容。

3. 设计评价规则和标准

表现性任务的答案不同于一般测验，不存在对错之分，只存在程度之别，如优秀、中等、合格或不合格，评价的主观性很强。因此，表现性评价中评估规则的制订就显得非常重要。教师为表现性评价设立一个完善、公正的评价规则和标准是评价的核心内容。

信息技术常用的评价规则设置方法如下。

（1）案例评价，由教师根据学习任务给出解决该类问题的典型范例。这些范例可以是由教师或其他人完成的，也可以是以前的学生完成的作品。学生可以参照这些范例中解决问题的思路、方法，对照自己的学习过程和成果进行自我评价，也可以进行互评。

（2）量规评价，为了帮助学生更清楚地了解学习目的和需要达到的学习标准，教师可以设计一套评价用的指标体系，一方面供学生对照检查，另一方面以此对学生进行客观公正的评价[28]。

量规是一种有清楚界定的结构化的定量评价工具，它将衡量学生学业成就的目标分成若干个指标，并详细描述学生在这些指标上所能达到的不同水平或等级的各自要求。量规评价具有操作简便、准确性高、用途广泛等特点，可用于评价学生多方面的学习和发展情况，既可以用于学生作品分析，见表 2-16，也可以用于评价过程与方法，见表 2-17，还可以评价学生的个性品质。

表 2-16　电子作品水平性评价通用量规[29]

要点与权重	A（0.8）	B（0.6）	C（0.4）
作品制作（20）	主要由自己思考，并独立完成作品	在别人的帮助下完成了作品	没有完成作品
主题与内容（15）	主题健康，内容无错误	主题健康，内容有个别错误	有不健康的内容或较多错误
作品规范（15）	符合本类作品的规范和本次的制作要求	符合本类作品的规范	既不符合本类作品规范，也没按制作要求去做
技术运用（20）	综合运用所学技巧去修饰作品，效果良好	按要求运用了所学技巧，效果一般	没按要求设置作品
布局（15）	布局合理，富有童趣	布局基本合理	布局不合理，显得散、乱
颜色（15）	色彩协调，给人以美感	使用颜色后，作品易于阅读或欣赏	使用颜色后，作品难于阅读或欣赏

表 2-17　电子作品制作过程性评价量规[29]

要点与权重	A（0.8）	B（0.6）	C（0.4）
原创（25）	主要由自己思考，并独立完成作品	在别人的帮助下完成了作品	没有完成作品
过程（25）	积极性始终高涨	随着制作的深入，积极性更加提高	积极性不高，应付任务
交流（20）	主动与人协商，充实自己作品	能听取别人的修改建议	不注意协商，也不愿听建议
效果（15）	优秀	不错	待提高
进步（15）	一直保持高水平或进步显著	进步不大	出现退步

上面是电子作品两个维度的通用评价量规，这些由专家和一线教师总结归纳的评价量规可以为信息技术教师制定评价量规时提供参考和帮助，但不能机械地照搬使用，评价量规的设计必须沿袭此前已经完成的教学设计结果和思路。下面仍以浙教版七上 9 课《文本框的应用》这一课为例，来说明评价量规的设计方法。

中小学信息技术评价量规的设计方法案例：浙教版七上9课《文本框的应用》

（1）根据教学目标，结合学习内容和教学流程安排，选择评价的维度和内容。

本节课评价从作品效果、过程方法和课堂行为三个维度进行（表2-18），把课堂行为列入评价内容，主要出于课堂管理的需要。作品效果评价内容划分为：完成情况、作品规范、布局、图文混排、作品美化5个方面，这次评价没有把主题列入内容，是因为这次课的任务是教师规定好了主题，并提供了配套素材，学生不需要自己选择主题。过程性评价只取了过程方法一项内容，没有评价学生之间的交流、合作这方面的内容，是因为这次课的任务难度大、时间紧，任务完成阶段没有采用分组合作教学策略，因此也没有这一项的评价栏目。

（2）用具体的、可操作性的描述语言清楚地说明量规中的每一项内容的评价要求。

书写评价要求时应避免使用抽象的、概念性的语言或主观评估语言，书写的内容要与前方的教学目标有很好的联系。此外，如果时间允许，我们还可以请学生一起参与设计量规，这样他们就能更清晰地理解任务的要求，做的时候有明确的目标。

（3）确定各项评价内容的权重（或分数）。

根据教学目标的侧重点、重难点对每一项评价内容进行合理的分值设置，本次课的重点是：文本框在电子杂志或小报制作中的运用，因此给了与文本框功能直接相关的页面布局、作品美化、图文混排较大的分值。

表2-18 《文本框的应用》评价量规

评价内容		评价要求	自评	他评	教师评
作品效果	完成情况（10分）	在规定的时间内独立完成作品			
	作品规范（10分）	小报组成要素（报头、标题、内容）齐全，页面大小和边距设置到位，文字规范，图片切题			
	布局（20分）	版面划分科学合理、简洁大方、醒目直观、富有创意，易读性高			
	图文混排（15分）	使用了文字、图片、艺术字、自选图形等多种形式编排，效果协调			
	作品美化（15分）	各组成元素颜色搭配和谐，字体格式设置美观大方，边框或花边富有美感			
过程方法（20分）		能准确选择合适的工具加工信息，操作流程正确，在模仿的基础上，有自己的创新			
课堂行为（10分）		遵守纪律，无大声喧哗、随意走动、聊天、玩游戏等违反课堂管理行为			

2.9 中小学信息技术教学设计案例分析

2.9.1 小学信息技术教学设计案例

案例:《初识画图程序》教学设计

设计者	汪静烨	单位	杭州师范大学教育技术 101 班
选用教材		浙江摄影出版社小学信息技术三年级上册第 2 章第 6 课	
课型		新授课	
课时		1 课时	

《初识画图程序》教学设计

一、教材分析

本课选自浙江摄影出版社小学信息技术三年级上册第 2 章第 6 课，这一课是学生学习“画图”程序的第一课，通过本课的学习让学生学会启动与退出“画图”程序的方法；了解“画图”窗口的组成；掌握橡皮、铅笔、刷子和喷枪工具的使用。由于教材安排了一系列课程来使学生认识“画图”程序，因此，本课教学效果的好坏会直接影响后续的教学，所以作为学生认识基础的第一课的教学设计就显得尤为重要。

二、学情分析

本课的教学对象是小学三年级的学生，属于小学中的低年级学生，他们在认知水平方面：接受新事物能力强、个性差别大、情绪不稳定、自控能力不强。在情感态度方面：小学三年级的学生活泼开朗、好奇心强烈、求知欲旺盛，对新事物接受比较快，在信息技术教学过程中，应注意培养学生的信息素养。在知识准备方面：在学习这课之前，学生已经欣赏了许多幅漂亮的图片，为这节课的绘画做好了基础。

三、教学目标

- 知识与技能目标

1. 能熟练打开和关闭“画图”程序。
2. 能说出“画图”程序的界面组成。
3. 掌握使用“铅笔”“刷子”“喷枪”“橡皮”工具的使用方法。

- 过程与方法目标

能熟练运用所学的铅笔、刷子、喷枪等工具创作一幅睡美人苏醒后的美丽画面电子作品。

• 情感态度价值观目标

1. 通过体验各种绘图工具的创造性运用，感受电脑绘图的趣味性，形成积极主动的学习态度。

2. 通过信息课堂作品的分享，培养赏析美、创造美的学习品质。

四、教学重难点

教学重点："铅笔""刷子""喷枪"等绘图工具的使用。

教学难点：不同粗细、不同颜色的"橡皮""刷子""喷枪"的使用。

五、教学资源

网络教室、极域电子控制系统、多媒体课件、睡美人等图片。

六、教学方法

情境教学法、任务驱动教学法。

七、教学环节

表2-19 《初识画图程序》教学过程设计

环节一：趣味故事，引入画图程序（2min）		
教师活动	学生活动	设计意图
【讲故事】 讲一个睡美人故事。从前，有一个很美丽的公主诞生了，被邀请的预言家都给了她最美好的祝福，而一个女预言家对国王没有邀请她很生气，于是她就诅咒公主："我要公主十五岁时，被一个纺锤戳伤手指，倒地昏睡，从此太阳不再升起，树木花草枯萎，溪水污浊。"过了15年，诅咒真的实现了，公主碰到了纺锤，倒在了草地上睡着了。公主倒下的一刹那，太阳消失了，花儿、草儿、树儿都枯萎了，世间变得一片昏暗。直到有一天来了一位王子和一群热心的小伙伴…… 【引入新课】 这位王子是谁呢？他就是我们今天要学习的画图软件，我们今天的任务就是帮助画图王子叫醒公主	仔细听教师讲故事	通过小学生喜爱的童话故事《睡美人》改编版来导入，在吸引学生注意力和兴趣的同时又能准确地让学生明白我们今天要做的事情
环节二：引导探索，打开画图程序（5min）		
教师活动	学生活动	设计意图
【提问】 画图王子在哪里？如何找到他？ 【布置任务一】 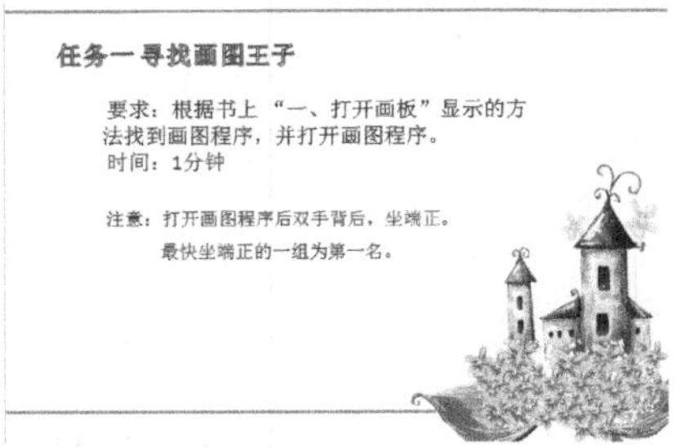 【操作演示】 演示打开和关闭画图程序的方法	学生回答寻找画图王子的方式。 学生操作，找到画图程序，并打开程序	鉴于学生的操作经验，让学生自己寻找画图程序，能更好地巩固前期"寻找计算器"的知识，又能培养学生的自我探究能力与学以致用能力

续表

<table>
<tr><th colspan="3">环节三：营造情境，掌握画图工具的使用（13min）</th></tr>
<tr><th>教师活动</th><th>学生活动</th><th>设计意图</th></tr>
<tr><td>【讲故事，出示图片】
继续讲《睡美人》故事：“我们跟着画图王子来到一片通往睡美人的森林之路上，遇到了各种阻碍。”展示“森林之路”图片。接着提问“面对这些阻碍的时候，我们跟王子应该怎么做呢？”
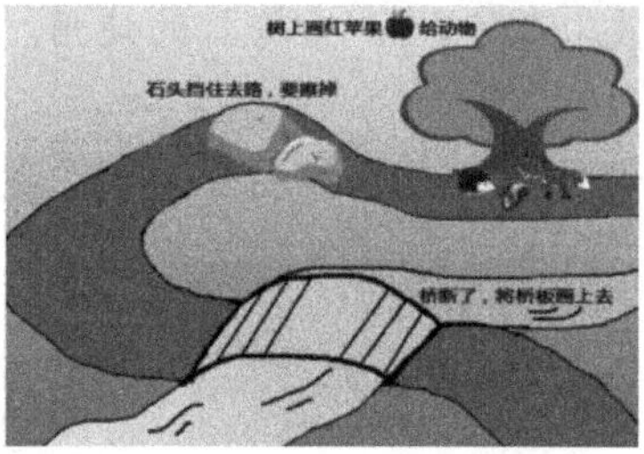

【操作讲解】
一边用画图程序打开“森林之路”图片，一边对打开过程进行讲解。在打开之后，对需要使用到的画图工具进行详细的扩展介绍。（画桥——铅笔的颜色与粗细；擦石头——橡皮的大小；刷子——刷子的样式、粗细以及颜色；后悔键——快速访问工具栏上的撤销键）
【布置任务二】
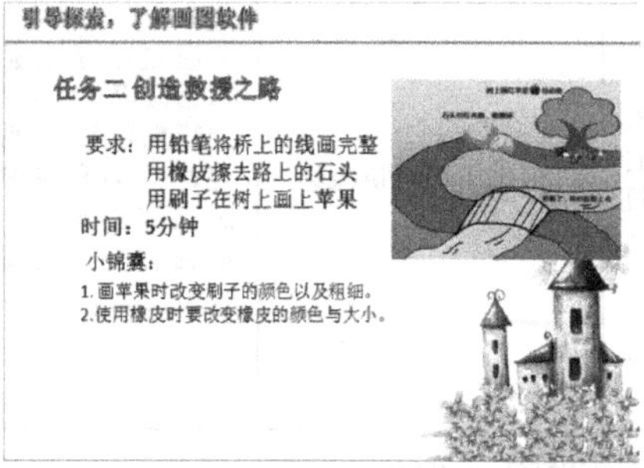
</td><td>学生回答。

仔细观察教师的操作，并回答教师操作中的提问。

完成任务二</td><td>设置一个唤醒睡美人的路上遇到阻碍的故事情境，使学生的学习兴趣得以有效维持。

通过观看教师操作、回答教师提问，再动手操作，从而有效突破部分教学重点和难点</td></tr>
<tr><th colspan="3">环节四：学以致用，活用画图程序（18min）</th></tr>
<tr><th>教师活动</th><th>学生活动</th><th>设计意图</th></tr>
<tr><td>【讲故事，出示图片】
继续故事：“我们和画图王子成功地穿越了森林，来到了睡美人的面前。”出示未唤醒的睡美人图片。

【营造操作情境】
画图王子唤醒了睡美人，睡美人睁开了眼睛，世界也复活了，复活的世界是什么样的呢？出示图片</td><td>听故事，看图片。</td><td>继续营造生动的故事情境，维持学生的学习兴趣</td></tr>
</table>

续表

教师活动	学生活动	设计意图
 【示范喷枪的操作】 在未苏醒图上示范性地操作并讲解如何用喷枪上色，并在喷枪大小和颜色方面加以简单扩展，在教授使用喷枪过程中，通过教师故意出错来引导学生主动学习。 【点拨提示操作要求】 提示要完成任务，学生要画什么，用什么画，要怎么画，以及在绘画过程中的一些小细节。（比如，在画太阳时要使用粗的水彩笔刷子、颜料刷或蜡笔刷来画会更好。）	观看教师操作并回答教师的问题。	有效突破喷枪这一教学难点。
【布置任务三】 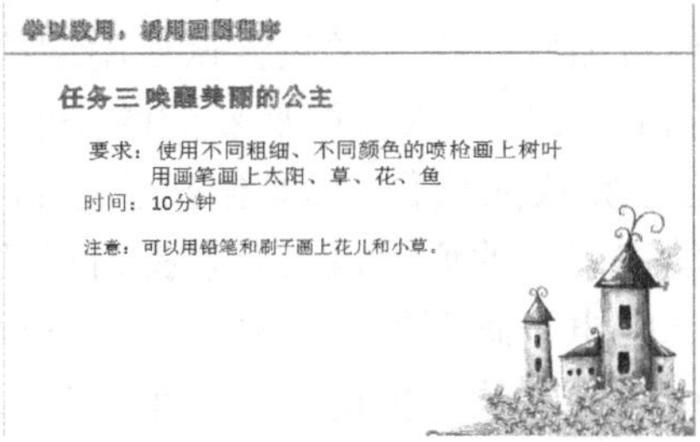 	完成任务三	任务三的安排可以让学生对任务二中的操作进行回顾，既有新知探究的作用，又有巩固原有技能的作用

环节五：课堂回眸，感受画图之趣（7min）		
教师活动	学生活动	设计意图
【展示优秀作品】 向学生展示构思新颖、颜色鲜艳、画面美观的优秀作品。 【颁发奖励】 【课堂小结】 总结课堂主要知识点及技能，包括画图界面以及四种画图工具“橡皮”“铅笔”“刷子”“喷枪”。 【保存文件】 演示示范保存文件的步骤	学生评价。 学生跟着老师一起回顾知识。 保存文件	展示学生的作业，让他们在欣赏和被欣赏的氛围中获得成功体验，让处于不同水平、层次的孩子都体验到愉悦

教学设计案例分析：《初识画图程序》

（1）教材处理。

《初识“画图”程序》是浙教版小学信息技术三上第二单元《有趣的“画图”》中的第二课，主要内容是初步学习 Windows 里自带的“画图”软件，本节课是“画图”程序教学的起始课，这节课教材原本内容设计是：打开画图软件，使用铅笔、刷子、橡皮、喷枪等工具画一画草坪、绿树、太阳和云朵。这样的内容设计从软件的应用技术角度分析是没有任何问题的，但缺乏趣味性和探究性，如果教师照本宣科讲授，课堂教学效果肯定平淡无奇，甚至可能是乏味的，不能很好地满足三年级小朋友的学习需求。本教学设计对教学内容进行了巧妙地处理，设计了一个唤醒睡美人的故事情境，在这个故事情境中，画图软件充当了王子的角色，小朋友充当了帮助画图王子唤醒睡美人的小伙伴角色，教材内容经过这样处理，顿时变得趣味横生、引人入胜，极大地激发了学生学习画图软件的兴趣。虽然该教学设计在案例、任务的设计上完全脱离了原教材内容的编排，但教学目标、教学重难点并没有发生任何改变，因此教材的处理是很成功的，非常有创意。

（2）教法运用和环节设计。

在教法上该教学设计主要采用了情境教学法和任务驱动法，本节课的主线是唤醒睡美人，这实际上就是一个大的情境性任务，设计者又把它分成三个学习任务，依次来驱动学生的学习。任务一是打开画图程序，采用学生自我探究的形式完成，该任务简单，学生完全可以通过知识迁移或自己观看教材后操作完成。任务二是克服森林路途障碍，完成这任务前，教师先点明知识点：对画图工具橡皮、铅笔、刷子的使用方法进行了示范讲解，通过教师讲授，学生尝试使用这些工具去解决任务二中一一呈现的问题。任务三是画一画睡美人唤醒后看到的美丽景色，不同于前面两个任务，该任务不指定学生必须完成的项目，而是给出了总的要求，这样的开放设计让学生有更多的自由发挥的空间，他们可以充分发挥自己的想象力和创造力来创作一幅属于自己的独一无二的电子画图作品。总之，任务设计科学合理，三个任务组成了由简单到复杂、由浅到深的任务链，且每个任务目标明确、有针对性，既有层次性，又有开放性。该教学设计在环节设计上围绕一条主线，导入—新知讲授—巩固—反馈—总结，环环相扣、层层深入。

（3）教学评价。

本课是画图的起始课，合理有效的评价对学生后续的学习影响很大，提高了学生后续学习的积极性。该教学设计采用了教师先评，后展示优秀作品的评价方法，这样的评价方式效率较高，也容易激励学生创造优秀作品。如果教师能用量表给学生进行自我评价，相信本课的教学评价会更科学合理。

2.9.2　初中信息技术教学设计案例

案例：《网络交流》教学设计

设计者	吴柯娜	单位	杭州师范大学教育技术 101 班
选用教材	浙江教育出版社八年级上第五课的内容		
课型	新授课		
课时	1 课时		

《网络交流》教学设计

一、教材分析

• 教材的地位和作用:《网络交流》是浙江教育出版社八年级上第五课的内容，也是第二单元的第一课。在学习该课之前，同学们已经学习了因特网的基本知识与历史，而该课是第二单元网络与生活的第一课，在之后还需要深入体验网络与生活的融合，所以该课起着承上启下的作用。

• 教材的内容和特点:《网络交流》通过让学生体验电子邮件的收发、利用在线即时交流工具进行交流、使用微博这几种常见的网络交流方式，对网络与生活有一个初步的感受，这是一节以体验为主的课程。

二、学情分析

• 知识储备：八年级学生在小学五年级的时候已经学过如何注册微博，在日常生活中对于如何注册、QQ交流及微博交流等都有一定涉猎，这些都为这堂课的学习打下了良好的基础。

• 认知规律：八年级学生的抽象逻辑思维方式正从经验型向理论性过渡，已经具备了一定的理解能力、想象能力和记忆能力。

• 心理特征：八年级学生尚处在行为规范时期，上课时注意力不能集中，因此在授课时要注意情境的设置，让学生不至于觉得枯燥，愿意学、乐意学。

三、教学目标

• 知识与技能目标

1. 知道电子邮件的工作原理。
2. 知道在线即时交流和微博、QQ等网络新媒介的特点。
3. 会正确收发电子邮件。

• 过程与方法目标

能采用在线交流工具如QQ，来呈现信息、发表观点、交流思想、开展合作。

• 情感态度价值观目标

1. 通过讨论交流，强化与他人的合作意识。
2. 通过网络交流，养成文明、友好的网络交流习惯。

四、教学重难点

教学重点：电子邮件的收发。

教学难点：采用在线交流工具如 QQ，来呈现信息、发表观点、交流思想、开展合作。

五、教学资源

• 环境准备：多媒体计算机、极域电子控制系统。
• 媒体准备：PPT课件。

• 资源准备：备用邮箱、QQ 账号；爱情公寓视频片段、网络交流安全视频，微博介绍视频，任务单（word）。

六、教学方法

情境教学法、任务驱动教学法、小组讨论法。

七、教学环节

表 2-20 《网络交流》教学过程设计

<table>
<tr><td colspan="3">环节一：创设情境，导入新课（2min）</td></tr>
<tr><td>教师活动</td><td>学生活动</td><td>设计意图</td></tr>
<tr><td>【播放影片】
播放一段《爱情公寓》影片，影片结尾是胡一菲撕毁曾小贤的信件。
【导入新课】
告知学生这节课的教学任务：逆转《爱情公寓》剧情</td><td>观看影片</td><td>电视剧《爱情公寓》学生较为熟悉，通过它导入，能很好地吸引学生的注意力</td></tr>
<tr><td colspan="3">环节二：任务驱动，掌握邮件发送和原理（12min）</td></tr>
<tr><td>教师活动</td><td>学生活动</td><td>设计意图</td></tr>
<tr><td>【设置问题情境】
逆转的剧情是信用卡账单以一种不能被撕碎的方式寄给曾小贤，并确保只有曾小贤可以收到，同学们觉得，可以怎样实现这种逆转呢？
【布置任务一】
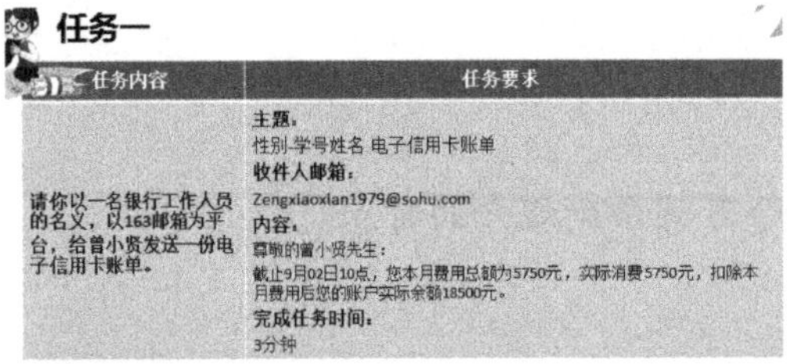

【总结引入】
展示学生在发送邮件过程中出现的错误收信人邮箱，然后提问：为什么这些不能作为收件人的邮件地址呢？正确的邮件地址格式应该是怎样的呢？
【讲授电子邮件填写规范】
以曾小贤的邮箱地址为例，讲解电子邮件的地址组成，强调用户名的规范性以及用户名和主机域名的填写需正确。
【提问引入】
同学们刚才只是点击了发送便完成了邮件发送，那你知道电子邮件的工作流程吗？和传统邮件相比较，又有哪些异同点呢？
【展示】
分别播放传统邮件和电子邮件收发过程小动画，然后让学生回答异同点</td><td>学生回答教师问题。

学生根据下发的账号密码登录邮箱，按照 PPT 的步骤演示，发送信用卡电子账单。

思考正确的邮件地址格式。

观看 flash 小动画。

回答两者之间的异同点</td><td>鉴于学生的生活经验，让学生自主发送电子邮件，能更好地锻炼学生的动手能力，充分体现了“以学生为主体、教师为主导”的教育理念。

通过收发邮件操作，再观看动画，加上教师讲解一系列教学活动，有效突破本课教学重难点</td></tr>
</table>

续表

<table>
<tr><th colspan="3">环节三：营造情境，体验在线交流（14min）</th></tr>
<tr><th>教师活动</th><th>学生活动</th><th>设计意图</th></tr>
<tr><td>【情境创设】
继续播放《爱情公寓》中介绍曾小贤信用卡消费记录的片段，然后让学生回答为什么会有这些消费记录。
【剧情构建】
逆转《爱情公寓》，重新构建剧情：之所以有这些消费记录，是因为曾小贤的信用卡被盗，消费记录出自绑匪，绑匪为了掩人耳目，对曾小贤进行了化妆：在脸上涂奶粉，使曾小贤脸色苍白；在头上裹卫生纸当胶带用，遮住了曾小贤的部分容貌；给曾小贤穿女装，混淆曾小贤的性别，至于DV摄像机，则是用来拍摄绑架录像。
“寻找曾小贤特别小组”在拿到绑架录像后立即通知了越南警方，展博破解了曾小贤的邮箱密码，此时，银行向邮箱寄来了一份新的电子信用卡账单，消费记录居然是隐形眼镜、雨伞、外增高鞋……
根据这次的消费记录，你对于绑匪的新动态有什么样的推理可以提供给警方，从而营救曾小贤呢？
【布置任务】
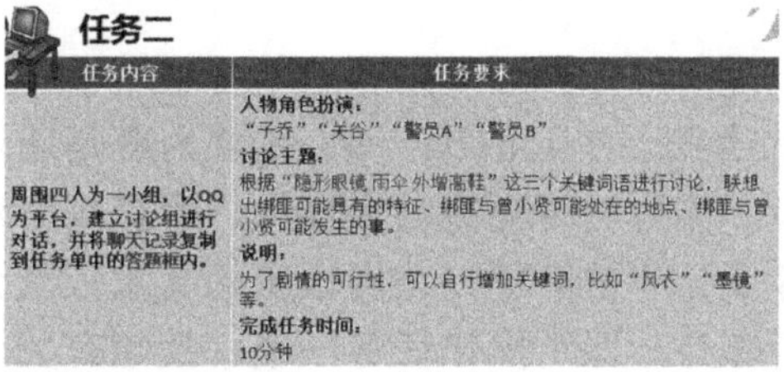

将全班同学以4人为一组，设定组长，然后在PPT上图片演示如何建立讨论组。
【活动总结】
让同学分享自己的设想，并对回答好的同学进行夸奖和鼓励。
【讲解在线即时交流】
针对于之前的讨论，讲解在线即时交流概念。指出还有哪些在线即时交流工具，并对MSN等做简单介绍</td><td>回答问题。

学生立足于逆转剧情进行联想。

学生角色扮演，通过QQ进行在线交流，完成任务二</td><td>通过情境设置和角色扮演，以一个有趣的“剧情设想”作为操作任务的主题，真正实现了学生对在线交流的体验，为接下来的概念学习做了良好的铺垫</td></tr>
<tr><th colspan="3">环节四：情境延伸，感受新媒介（5min）</th></tr>
<tr><th>教师活动</th><th>学生活动</th><th>设计意图</th></tr>
<tr><td>【情境创设】
继续逆转剧情：根据展博给的提示，越南警方成功抓到了绑匪，但却发现曾小贤已经逃走了，而且根据绑匪的口供所知，他极有可能已经回到了中国的某处……于是，“寻找曾小贤特别小组”决定在国内展开寻找，关谷建议张贴寻人启事，胡一菲决定报警，展博却建议可以通过网络作为平台进行搜索，因为这种网络新媒介传播速度更快，看到的人也更多……然后让学生猜测展博说的是哪种网络新媒介。
【展示】
播放一段介绍微博的视频。并简单介绍一下其他的网络新媒介。
【剧情创设】
继续逆转剧情：通过微博“人肉搜索”，“寻找曾小贤特别小组”终于找到了曾小贤。原来，曾小贤被绑架的原因，居然是</td><td>听剧情回答问题。

观看视频。

回答问题</td><td>通过任务驱动，让学生更好地体会网络交流安全的重要性</td></tr>
</table>

续表

教师活动	学生活动	设计意图
因为曾小贤在QQ上找出租房，因为语言不通，在与房东（其实是绑匪）的交流中不小心透露了自己的旅店房间号，结果被上门“商讨租房事项”的绑匪下药绑架了……然后提问我们在平常的网络交流中，应该注意哪些呢？ 【反馈总结】 请学生回答并做相应反馈，总结网络交流需遵循的道德法则		
环节五：课堂总结，巩固提高（5min）		
教师活动	学生活动	设计意图
【课堂小结】 总结课堂内容，包括电子邮件的收发过程与地址组成/常用的在线即时交流工具以及网络新媒介。 【结束课程】 让同学整理任务单中的问题答案，然后通过服务器上交	学生跟着老师一起回顾知识点。 学生完成作业并上交	通过课堂总结和作业整理，对知识点做进一步的巩固

教学设计案例分析:《网络交流》

（1）教材处理。

《网络交流》浙江教育出版社八年级上第二单元的第一课，主要内容是通过对电子邮件在线交流、网络新媒介的体验，体会网络交流的多样性，感受网络对网络生活带来的影响。这节课教材的内容设计非常简单：使用很少的文本依次介绍了电子邮件的原理、在线交流和网络新媒介，课堂操作任务一个：搜索有关电子邮件原理资料，并以附件形式给老师发一封电子邮件。从知识层面看，电子邮件的原理和发送有炒冷饭的嫌疑，和后面两部分知识没有很好的连贯性，从学生操作层面看，这也是一堂缺乏趣味性和探究性的课，不能很好地满足八年级学生的学习需求。本教学设计对教学内容进行了巧妙地处理，设计了一个逆转《爱情公寓》连续剧的重构情境，在这个连续剧重构情境中，学生扮演了剧本中的角色，先是给剧中主角发邮件，再通过QQ在线工具参与讨论，教师在中间穿插讲解知识：电子邮件的原理、在线交流和网络新媒介。教材内容经过这样处理，知识变得连贯有趣、操作也精彩纷呈，极大地激发了学生学习本课内容的兴趣，因此教材的处理是很成功的，非常有创意。

（2）教法运用和环节设计。

在教法上该教学设计主要采用了情境教学法、任务驱动法和角色扮演法，在环节设计上，三个知识点三个环节，加上导入和总结共五个环节进行设计。本节课的主线是重构《爱情公寓》的连续剧剧情，沿着这一主线，设计者把学生操作任务和教师知识讲解巧妙地串接在一起，依次驱动学生的学习。任务一给曾小贤发送电子邮件，该任务简单，学生完全可以通过小学所学的信息技术技能操作完成。待学生完成任务一后，教师马上以剧情为案例，分析电子邮件和普通邮件的不同，因为有案例支撑分析，原本比较乏味的单纯性讲授由此变得生动。任务二接着剧情让学生使用在线工具 QQ，进行角色扮演讨论，待学生完成任务二后，教师紧接着简单介绍在线交流；最后接着剧情，教师导出网络交流新媒介——微博，并使用观看视频的方法加深学生的印象和理解。

总之，任务设计科学合理，每个任务目标明确、针对性强。该教学设计在环节设计上紧紧围绕课本知识点，先操作后讲解，先导入后小结，环环相扣、层层深入。

（3）教学评价。

本课是中小学信息技术课程中，不太多见的偏理论的课型，在评价的设计上该教学设计采用了两个表现型任务来衡量学生掌握知识的情况，这样的评价方式应该说还是不够全面，理论知识需要设计一些客观题型让学生练习，效果可能会更好。因此本课的小结环节，如果能设计几道选择题让学生回答，相信本课的教学评价会更科学合理。

2.9.3 高中信息技术教学设计案例

案例：《程序设计实例》教学设计

设计者	吕凤英	单位	浙江省春晖中学
选用教材	浙江教育出版社高中信息技术《信息技术基础》之《3.4.3 程序设计实例》		
课型	新授课		
课时	1 课时		

《程序设计实例》教学设计

一、教材分析

本课选自浙江教育出版社高中信息技术《信息技术基础》之 3.4.3 程序设计实例。在本课以前，学生已经学习了算法、VB 应用程序的界面设计、VB 基本语句等内容。通过本课的学习，要让学生能综合运用前面所学的知识，感受程序带来的趣味与便利，培养学习算法与程序设计的兴趣，为学习选修部分做好准备。因此，本课有着承上启下的作用，衔接着必修和选修。作为两者之间的连接点，本课的教学尤为重要。

二、学情分析

本课的教学对象是高一学生，好学、乐学、善学是他们的优点。在认知水平方面，他们的学习能力强，接受新知的速度快，但逻辑思维能力和想象能力还比较欠缺。在情感态度方面，他们的求知欲强，学习热情高，但受挫能力比较弱，需要引导和鼓励。在知识储备方面，他们已经具备了一定的创作 VB 程序的能力与经验，为学习本课做好了铺垫。

三、教学目标

- 知识与技能

1. 能熟练添加控件对象，并设置有关属性。

2. 能熟练掌握 VB 基本语句的语法。

- 过程与方法

1. 通过合理布局控件对象，设计游戏程序的界面。

2. 能根据创作意图设计算法，并运用 VB 语言实现算法。

- 情感态度与价值观

1. 通过体验游戏程序的创作过程，感受程序的趣味与奥妙，激发学习的热情。

2. 通过同伴间的互助与协作，提升团队合作意识，形成积极主动地参与学习的态度。

3. 通过分享和交流作品，培养客观地分析与评价信息的素养，提升表达和交流的能力。

四、教学重难点

教学重点：程序的界面设计；算法的程序实现。

教学难点：设计算法；运用 VB 语言实现算法。

五、教学资源

网络教室、极域电子控制系统，多媒体课件，自主学习材料，游戏素材（背景图片、地鼠图片等），“欢乐打地鼠”游戏的参考程序。

六、教学方法

情境教学法、任务驱动教学法、范例教学法。

七、教学环节

表 2-21 《程序设计实例》教学过程设计

环节一：竞技游戏，感受程序之趣（3min）		
教师活动	学生活动	设计意图
【竞技游戏】 喜欢玩游戏吗？那就来认真地玩一次吧。  【引入新课】 我们平常玩的游戏都是别人设计的。想过自己设计游戏吗？今天大家都来试一试，做一款自己的游戏吧	试玩游戏程序，体验游戏内容，明确程序功能	从学生喜爱的游戏导入，既能快速吸引他们的注意力，激发学习兴趣，也能让他们了解本课的学习任务，同时活跃课堂气氛

续表

<table>
<tr><th colspan="3">环节二：设计界面，展现个性之美（8min）</th></tr>
<tr><th>教师活动</th><th>学生活动</th><th>设计意图</th></tr>
<tr><td>【分析程序界面】
1. 展示游戏程序，引导学生分析程序界面的构成。
分析结论：
界面中有1个窗体、1个标签控件、1个文本框控件、5个图像框控件（控件数组）和1个计时器控件。
2. 引导学生分析各个对象的属性设置。
分析结论：
<table>
<tr><th>对象名</th><th>属性名</th><th>属性值</th><th>说明</th></tr>
<tr><td>Form1</td><td>Caption</td><td>欢乐打地鼠</td><td>游戏标题</td></tr>
<tr><td>Form1</td><td>Picture</td><td>背景图片</td><td>游戏背景</td></tr>
<tr><td>Label1</td><td>Caption</td><td>积分：</td><td>提示文字</td></tr>
<tr><td>Text1</td><td>Text</td><td>0</td><td>初始积分值</td></tr>
<tr><td>Image1 数组元素</td><td>Picture</td><td>地鼠图片</td><td>5 张地鼠图像</td></tr>
<tr><td>Timer1</td><td>Interval</td><td>1000</td><td>地鼠出现的时间间隔</td></tr>
</table>
【布置设计任务】
从素材库中挑选喜欢的素材，设计游戏程序的界面</td>
<td>观察游戏程序，分析程序界面的构成。

分析各个对象需要设置的属性名称及属性值。

挑选素材，设计个性化的程序界面</td>
<td>重视引导和分析，培养观察与分析的能力，协助完成知识的迁移，降低后续操作的难度。

培养学以致用的能力，落实第一个教学重点</td></tr>
<tr><th colspan="3">环节三：编写代码，铸就程序之魂（20min）</th></tr>
<tr><th>教师活动</th><th>学生活动</th><th>设计意图</th></tr>
<tr><td>【解析游戏环节】
展示游戏程序，引导学生解析游戏环节。
分析结论：
游戏包含三个环节：
（Ⅰ）随机显示1只地鼠：由程序完成。
（Ⅱ） 鼠标单击地鼠：由游戏者完成。
（Ⅲ） 当地鼠被击中后，更新积分值：由程序完成。
其中（Ⅰ）和（Ⅲ）由程序实现。
【设计算法，实现（Ⅰ）】
通过一系列的提问与解答，引导学生借助已有经验设计算法、实现算法。
分析结论：
（1）任务可分解为三个步骤：
① 将数组元素的 Visible 属性都设置为 False。
② 生成一个值在[0，4]内的随机整数 i。
③ 将 Image1（i） 的 Visible 属性设置为 True。
（2）描述算法的流程图如下：
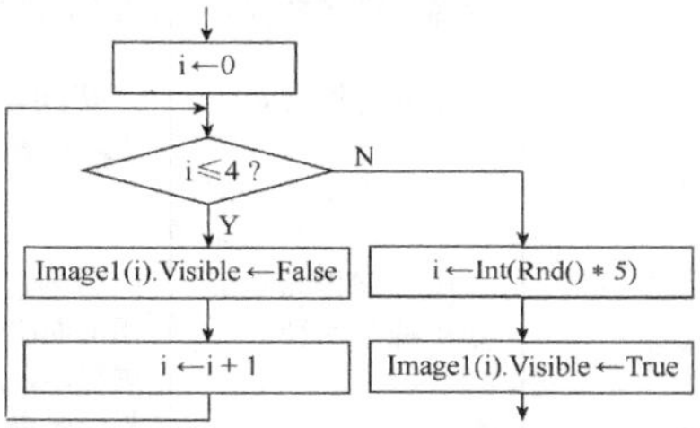
</td>
<td>观察游戏程序，解析游戏环节，回答教师提问。

思考和回答教师的提问，理顺思路，设计算法。

比对算法，理解算法</td>
<td>以设计意图为基点，先剖析程序整体，再细化各个部分。在层层递进的过程中，培养学生的逻辑思维能力。

通过不断地提问与解答，帮助学生理顺思路、设计出算法，从而有效突破第一个教学难点</td></tr>
</table>

续表

教师活动	学生活动	设计意图
（3）实现算法的 VB 程序代码如下： Private Sub Timer1_Timer（） 　Dim i As Integer 　For i = 0 To 4 　　Image1（i）.Visible = False 　Next i 　Randomize 　i = Int（Rnd（）　* 5） 　Image1（i）.Visible = True End Sub	使用 VB 语言描述算法。	通过先集体分析再个人实践，降低编程难度，有效突破第二个教学难点，落实第二个教学重点。
【布置编程任务】 为计时器 Timer1 的 Timer 事件过程编写代码，实现每隔一段时间随机显示 1 只地鼠。	编写程序代码，并调试。	通过再次尝试，巩固所学技能，强化教学效果
【设计算法，实现（Ⅲ）】 1．鼓励、引导学生自己设计算法、实现算法。 分析结论： （1）任务可分解为三个步骤： ① 从文本框 Text1 中获取原积分值 s1。 ② 原积分值 s1 加上 10，作为新的积分值 s2。 ③ 将新的积分值 s2 显示在文本框 Text1 中。 （2）描述算法的流程图如下： 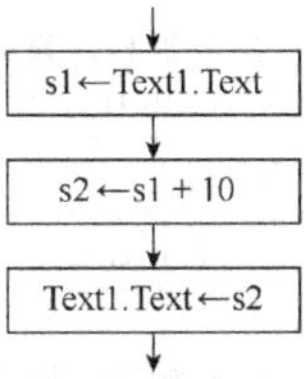 （3）实现算法的 VB 程序代码如下： Private Sub Image1_Click（Index As Integer） 　Dim s1 As Integer，s2 As Integer 　s1 = Val（Text1.Text） 　s2 = s1 + 10 　Text1.Text = Str（s2） End Sub 2．引导学生编写、调试程序代码。 为图像框 Image1 的 Click 事件过程编写代码，实现地鼠被击中后，能更新积分值	尝试自己设计算法、实现算法	

环节四：完善作品，追求完美之境（10min）

教师活动	学生活动	设计意图
【审视作品】 引导学生在调试程序的过程中，寻找不完善之处，并尝试修改。	调试程序，寻找缺陷，尝试修改。	引导学生修正设计方案，提升设计能力。
【交流观点】 引导学生交流发现的问题，探讨解决的策略。	交流与探讨。	帮助学生拓宽思维，积累设计经验。
【分析案例】 通过分析案例，讲解如何完善作品。 问题描述：游戏无法终止。 问题根源：未限制游戏时间。 修改思路：借助控件对象限制游戏时间	探究问题根源，寻找解决途径	带领学生回顾、运用前面所学知识，拓展技能，进一步强化教学效果

续表

<table>
<tr><th>教师活动</th><th>学生活动</th><th>设计意图</th></tr>
<tr><td>
修改方法：
1．修改程序界面，添加标签 Label2 和文本框 Text2，并设置相关属性。
<table>
<tr><th>对象名</th><th>属性名</th><th>属性值</th><th>说明</th></tr>
<tr><td>Label2</td><td>Caption</td><td>剩余时间：</td><td>提示文字</td></tr>
<tr><td>Text2</td><td>Text</td><td>60</td><td>游戏时间（60 秒）</td></tr>
</table>
2．设计算法
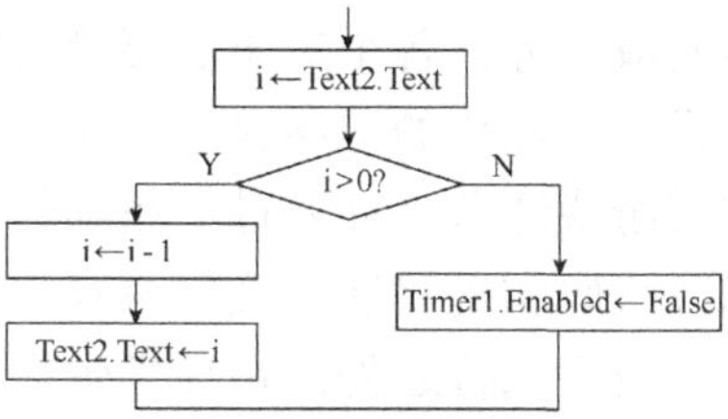

3．在 Timer1 的 Timer 事件过程中添加代码：

```
i = Val（Text2.Text）
If i > 0 Then
  i = i - 1
  Text2.Text = Str（i）
Else
  Timer1.Enabled = False
End If
```
</td><td></td><td></td></tr>
<tr><td colspan="3">环节五：回眸课堂，分享成功之喜（4min）</td></tr>
<tr><th>教师活动</th><th>学生活动</th><th>设计意图</th></tr>
<tr><td>【展示作品】
以学生自荐的方式展示作品。
【课堂小结】
总结制作 VB 程序的流程，并鼓励学生继续完善作品</td><td>欣赏与评价。

跟着教师一起回顾知识</td><td>让学生在欣赏和被欣赏的氛围中体验成功，学会客观地分析和评价信息</td></tr>
</table>

教学设计案例分析：《程序设计实例》

（1）教材处理。

《程序设计实例》是浙江教育出版社高中信息技术《信息技术基础》之 3.4.3 程序设计实例，主要内容是运用 VB 语言实现算法，让学生亲身感受计算机程序解决问题的过程和方法。这堂课教材首先设计了三个程序设计实例：①把华氏温度值转换成摄氏温度值，②比较两个同学的身高，输出较高的那个同学的身高，③求 n 阶乘 $n!=1\times2\times3\times4\times5\times\cdots\times n$，然后设计了一个学生操作任务：模拟用户登录的 VB 程序。程序设计教学内容一般都较为抽象、枯燥、逻辑思维性强，学生不容易产生学习兴趣，教学中普遍存在“难教”和“难学”的问题，这一堂课如果按照教材进行授课，也不例外。本教学设计对教学内容进行了巧妙地处理，通过体验游戏程序《欢乐打地鼠》的创作过程，感受程序设计的趣味与奥妙，从而激发学生的学习热情。此外教材内容经过这样处理，知识脉络更分明，内容前后承接更自然，学生在操作上也更容易获得成就感。

（2）教法运用和环节设计。

在教法上该教学设计主要采用了情境教学法和任务驱动教学法；在环节设计上，本课分五个环节进行：游戏导入、游戏界面设计、编写游戏代码、游戏程序调试、最后总结分享。围绕游戏创作这一主线，设计者把教师讲解和学生操作巧妙地串接在一起，依次驱动学生的学习。如游戏界面设计环节：教师引导学生观察游戏程序，和学生一起分析程序界面的构成，分析各个对象需要设置的属性名称及属性值，然后让学生自己挑选素材，设计个性化的程序界面。如编写游戏代码环节：教师展示游戏程序，引导学生解析游戏环节，并通过一系列的提问与解答，引导学生借助已有经验设计算法、编写代码实现算法。又如游戏程序调试环节：教师引导学生在调试程序的过程中，寻找不完善之处，指导学生尝试修改。三个主要环节都充分体现了“以教师为主导，以学生为主体”的教学设计理念。

2.10　中小学信息技术单元教学设计与案例

2.10.1　单元教学设计概述

单元教学设计是教学设计在微观上的一种表现形式，它是从一章或者一个单元的角度出发，根据章节或单元中不同知识点的需要，综合利用各种教学形式和教学策略，通过一个阶段的学习让学习者完成对一个相对完整的知识单元的学习。在单元教学设计中，会明确本单元在教材的整个知识链条中所处的地位和应起的作用，以及前后单元的内在联系。而且一个教学单元可以由多个课时组成，不同的课时从不同的角度，对同一主题用不同的教学方式进行多元化解析[30]。

单元教学设计较课时教学设计更适合内容分散的信息技术课程，与课时教学设计对比，其设计要素有较大的区别，见表 2-22。

表 2-22　单元教学设计和课时教学设计的设计要素对比[31]

设计要素	单元教学设计	课时教学设计
学习内容	以“一个单元”或“一个章节”为相对独立的教学单位	以“一个课件”为教学单元
学习起点	由于已经将本单元各个课时内容整合，所以前后课时会有一定的联系，学习起点分析起来也会比较方便以及准确	事先未整合各课时内容，分析起来相对麻烦
教学目标	1. 首先制定一个单元整体的教学目标，在此框架下，再根据课时内容制定具体合理的课时目标 2. 有利于三维目标的融合和落实	1. 根据一节课的教材内容制定课时教学目标 2. 关注具体知识点的落实

续表

设计要素	单元教学设计	课时教学设计
教学策略/方法	1. 针对整个单元进行综合设计，再根据课时内容增添具体的教学方法 2. 为了将整个单元里分散的内容相互结合起来一般会用到情境教学法，将全部内容创建在一个大情境里面	只是针对这个课时内容选择合适的教学方法
教学材料	事先准备好该单元创设的情境所需要的材料，再根据本单元中每课时的内容要求，适当地调整制作动画的分配情况	只针对一个课时内容准备
教学评价	通过单元教学之中和之后的学生情况来进行教学评价和反思，并且还从自身的角度反思，最后进行单元教学设计的调整或再设计	通过课后对学生的测验来进行教学评价

2.10.2 信息技术单元教学设计案例

在现行的中小学信息技术教材中，以整个单元为单位，前后课时内容延续的单元教学设计并不少见，如浙教版初中信息技术教材，基本遵循了单元教学设计的理念，如七上的第二单元“文字处理和应用”、第三单元“数据处理与应用”、七下的全部三个单元“走进多媒体”“图像处理”“制作多媒体作品”、八上的第三单元“网站制作”、八下“创建动画”和“制作动画作品”单元等。下面将以八下第二单元“创建动画”为例，说明单元教学设计的基本步骤。

1. 单元学习内容分析

“创建动画”选自浙江教育出版社信息技术八年级下册第二单元，该单元是通过构思并创作主题动画作品，掌握 Flash 补间动画的制作方法与技巧，进一步提高动画的制作能力。本单元总共包括第七课到第十一课五课时的内容，分别为简单的动画补间动画、丰富的动画补间动画、影片剪辑的制作与应用、多变的形状补间动画以及给动画配音五课时内容，如图 2-27 所示。在本单元之前的第一单元《动画基础》中，已经涉及了 Flash 动画的舞台布置，图形元件的应用，逐帧动画的创建等内容，为第二单元奠定了基础。其实在五年级下册第三单元《动画天地》中，已经涉及了比较浅层的动画知识的内容，虽然该单元设计的动画是 GIF 动画，但是其所涉及的帧、对象等内容与八年级所要学习的 Flash 动画有着一定的相关性。为学生理解 Flash 动画的帧、对象有一定的帮助。

2. 根据单元教学目标规划课时教学内容

本单元总体的教学目标为：通过构思并创作有声有色的主题动画作品，掌握 Flash 补间动画的制作方法与技巧，进一步提高动画的制作能力。根据以上单元教

第二单元　创建动画 ………… 31

第七课　简单的动画补间动画 ………… 32

第八课　丰富的动画补间动画 ………… 37

第九课　影片剪辑的制作与应用 ………… 42

第十课　多变的形状补间动画 ………… 46

阅读材料　使用形状变形提示 ………… 49

第十一课　给动画配音 ………… 51

图 2-27　第二单元目录

学目标，规划每节课的教学内容：学生需掌握的知识点和需完成的操作技能或任务，见表 2-23。

表 2-23　单元内容整体规划[31]

课时	知识点	完成的作品
第七课 《简单的动画补间动画》	1．动画补间动画的概念 2．简单的动画补间动画（对象放大缩小，图形位置变化）的制作方法	1．文字运动动画 2．最开始时的场景图逐渐放大的动画 3．鸟的对话动画
第八课 《丰富的动画补间动画》	复杂的动画补间动画（旋转，透明度变化，颜色变化）的制作方法	1．动画中（红鸟愤怒时）图片淡入淡出的动画 2．猪把红鸟他们的鸟蛋偷走的动画 3．蛋被偷走后，鸟吃惊的图片切换效果的动画
第九课 《影片剪辑的制作与应用》	1．影片剪辑的特点 2．影片剪辑的制作 3．影片剪辑的应用	1．动画中三只鸟的眨眼睛的影片剪辑 2．三只鸟摇动身体的影片剪辑 3．将制作的两个影片剪辑加到动画的主场景中
第十课 《多变的形状补间动画》	1．形状补间动画的概念 2．形状补间动画的制作 3．形状补间动画和动画补间动画的区别	1．红鸟用弹弓攻击小鸟时弹弓的形变动画 2．图形元件“圆蛋”形变为“方蛋”的动画 3．文字发生变形的动画
第十一课 《给动画配音》	1．在库中导入声音 2．设置音效的操作方法	给前几节课的完成品配上音乐

由于整个单元中每个课时分别涉及了 Flash 中的动画制作方法和技巧，知识点比较分散，不连贯，容易让学生学了这个课时的操作技能，就忘了上一课时所学习的操作技能。为了将整个单元连贯起来，需要采用情境教学法和任务驱动教学法，教师创设一个这样的单元任务情境：完成一个完整的“愤怒的小鸟”的 Flash 动画创作，将五个课时的教学内容和操作任务有机地连贯起来。

3. 根据单元教学内容规划进行具体课时教学设计

有了类似表2-23的单元内容整体规划后，就可以进行具体的某一课的课时教学设计了，下面是八下第二单元的第十课《多变的形状补间动画》的教学设计。

《多变的形状补间动画》的教学设计

设计者	楼俊婷	单位	杭州师范大学教育技术111班
选用教材	浙江教育出版社八年级下第二单元第十课的内容		
课型	新授课		
课时	1课时		

《多变的形状补间动画》教学设计

一、教材分析

本课选自浙江教育出版社出版的信息技术八年级下册第十课，也是第二单元创建动画的第四课。第二单元是通过构思并创作主题动画作品，掌握Flash补间动画的制作方法与技巧，进一步提高动画的制作能力。本课教材主要是通过制作标题文字变形的动画效果，掌握创建形状补间动画的基本方法。由于“形状补间”动画是Flash动画的一种重要类型，因此本课在该单元的教学中具有非常重要的位置。

二、学习起点分析

第十课属于Flash动画创建的操作类学习内容，与本单元前两课时的内容性质相似。前两课时的内容是创建动画补间动画，而本课内容是创建形状补间动画。而且本教材第一单元的内容都是与本课知识点相关（都是关于Flash动画），通过对第一单元以及第七、八课时的内容进行剖析，就可以得出八下第十课的学习起点：

1. 会在Flash时间轴上创建关键帧，根据需要调整两个关键帧之间的间隔。
2. 能根据动画的内容要求，选择是否将动画创建为影片剪辑来简化时间轴。
3. 会判断对象是形状、图形元件还是文字。

三、教学目标

- 知识与技能

1. 掌握在Flash中创建形状补间动画的基本方法。
2. 掌握将位图转换为矢量图的操作方法。
3. 了解形状补间动画和动画补间动画之间的区别。

- 过程与方法

能根据动画内容的要求，选择创建合适的补间动画来制作小动画。

- 情感态度与价值观

通过体验游戏程序的创作过程，感受程序的趣味与奥妙，激发学习的热情。

四、教学重难点

教学重点：形状补间动画的创建。

教学难点：对图形元件进行分离操作。

五、教学资源

网络教室、极域电子控制系统，多媒体课件，自主学习材料，游戏素材。

六、教学方法

情境教学法、任务驱动教学法、范例教学法。

七、教学过程

表 2-24　《多变的形状补间动画》教学过程设计

环节一：播放半成品，设疑导入（3min）		
教师活动	学生活动	设计意图
【播放 Flash 动画半成品】 播放前几节课一起制作完成的半成品动画“愤怒的小鸟”。 【引入新课】 上堂课我们制作了愤怒的小鸟生气了要用弹弓报复猪，那怎样制作弹弓形变的动画效果呢？	观看视频。 思考老师提的问题	通过观看前几节课完成的半成品，提出新的技术要求，激发学生继续完善作品的学习动机
环节二：新知讲授，形状补间动画概念和创建（13min）		
教师活动	学生活动	设计意图
【形状补间动画概念】 通过 PPT 展示和实物皮圈的演示，引出形状补间动画的概念：使一个对象逐渐变成另一个对象，实现两个对象（颜色，位置，大小，形状）的平滑过渡。 		让学生初步了解形状补间动画的概念和创建的基本方法，回顾上几节课的动画补间动画。
【演示创建弹簧形变的形状补间动画】 Flash 演示创建弹簧形变的形状补间动画，并且只演示弹簧从自然状态形变到拉伸状态的过程和红鸟运动一小段距离的过程。引出操作任务，让学生修改丰富这个动画，学会举一反三。	观看教师演示。	
【布置任务一】 让学生丰富修改“红鸟生气之后，用弹弓攻击猪”的形状补间动画。 	完成任务一。	通过完成任务，巩固旧知，学习新知，充实和丰富自身的知识和能力

续表

环节三：突破重难点，掌握补间动画操作要点（12min）		
教师活动	学生活动	设计意图
【提问】 任务一中用到的形状补间动画和动画补间动画之间有何区别？ 【解析形状补间动画制作的关键点】 突出形状补间动画制作的关键点（假如对象是图形元件，要先对图形元件进行分离操作，分离成为矢量图，才能进一步创建形状补间动画）。 【布置任务二】 根据动画剧情的发展，创建“圆蛋变方蛋”的形状补间动画 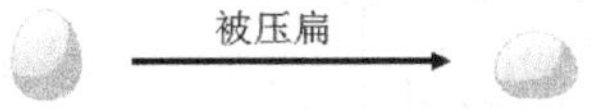 	思考回答问题。 观察教师操作。 完成任务二	通过回答教师提问，观看教师操作、再动手操作，从而有效突破部分教学重点和难点
环节四：巩固练习，分层教学（12min）		
教师活动	学生活动	设计意图
【学生演示】 请同学演示任务二的操作方法。 【布置任务三】 给动画加个结尾，创建一个文字的形状补间动画。(选做题：完成任务一、二、三之后，有兴趣的学生选做，创建一个能控制文字形变方向的“倒计时”影片剪辑)	观看演示。 完成任务三	学生上台演示加深同学们对重难点的印象。 任务三充分贯彻实施因材施教的课程理念
环节五：课堂总结，凝练提升（5min）		
教师活动	学生活动	设计意图
【学生演示、教师总结】 请操作的较好的同学上台操作演示，并且在他操作时，总结形状补间动画创建的基本方法。 【提问总结】 提问一个关于本节课教学重难点的问题（如果对象是图形元件和文字，要先__________才能进一步创建形状补间动画）结束本次课。	观看演示。 跟着教师一起回顾知识。	请同学上台演示，有利于巩固旧知；通过提问能更好地带动学生进行思考总结本次课所学习的要点。

2.10.3　单元教学设计的优势和缺陷

一个教学设计的教学效果是决定一个教学设计成功与否的重要因素，通过对“创建动画”单元教学设计的教学效果分析，得出单元教学设计和课时教学设计的教学效果对比，见表2-25。

由以上分析可以得出，信息技术的单元教学设计具有以下优势[32]。

（1）单元教学设计有利于提高学生解决问题的能力。

单元教学设计是根据学生具体情况对教材知识的重新构建，解决的问题具体明确，通过单元教学有利于学生形成完整的知识体系，对知识的联系通过不同侧重点重新建构，加深了对知识的理解和拓展，提高学生知识水平和解决问题的能力。

表 2-25　单元教学设计和课时教学设计的教学效果对比

	单元教学设计	课时教学设计
课堂教学的有效性	由于教师整体把握教材，解读教材，从而使学生在学习的过程中能够循序渐进，对一个模块或一个单元的知识有一个系统地理解，让学生能够知道本课时与前面学过的章节和后续章节的联系，从而增强课堂教学的有效性	学生仅仅掌握了本节课的内容，未将前后章节的知识点进行联系，从而使课堂教学的有效性降低
学生知识的建构	单元教学设计的优势在于打破了个别知识点之间的壁垒，不但关注如何让学习者掌握个别的知识点，同时也重视让学习者理清知识点之间的关系，形成更加完整的知识体系、更加坚固的知识结构，从而让学生通过新经验和原有知识经验的相互作用，充实和丰富自身的知识和能力，而不单是知识由外到内的转移和传递	学生一般不会把原有的旧经验和学习的新经验相结合
学生作品创造性	单元教学设计创设了一个整体的情境，最后的成品是一个完整的动画。因此学生只有综合利用所学的知识点，才能完善整个作品	学生只是用所学的课时完成当堂的任务，作品创造性不足

（2）单元教学设计提高学生学习态度和兴趣。

单元教学设计有一个完整的主题化、生活化的学习情境，便于学生完整地理解学习内容和建构知识技能，避免了教学情境、内容、形式的频繁变换，学生适应起来快速，因此他们的主动性、积极性有了明显提高，减少了学习的盲目性，学习情绪和意识也有显著地改善。

（3）单元教学设计有利于学生构建完整的知识体系。

课时教学设计是按照教材的章节编排顺序进行教学，学生不熟悉一个知识点与另一个知识点之间的关系，知识点孤立，易被遗忘。而单元教学设计是根据课程实施的水平目标，确立若干个教学主题，教师遵循学生身心的一般规律，以主题为线索，开发和重组相关的教学内容，进行连续课时单元教学的教学方式。这种教学方式有利于学生形成完整的知识体系。

但是信息技术单元教学设计也存在着以下缺陷。

（1）适用面窄。单元教学设计的适用面并没有很广泛，因为信息技术课程的知识点分布比较分散。就比如对于这个单元设计的活动主题，可能只适用于这个单元，对于其他单元借鉴意义不大。例如，针对 Flash 课程设计愤怒的小鸟的主题，对于 Word、网站的内容就完全不适用。所以，单元教学设计的适用面不广。

（2）主题设计难度大。对于单元教学设计，为了将教学内容连贯起来，选择一个符合教学内容的主题是教学设计的关键所在。教学内容主题必须符合有趣味性、情境性、针对性等多种要求，如“创建动画”单元教学设计中选用愤怒的小鸟这个主题就符合了以上要求，所以主题设计是比较成功的。但不是每个单元都能找到一个合适的主题将内容串联起来，由于中小学信息技术课程的知识点分布相对比较分散，主题的选择费时费力，而且还不一定能有更好的教学效果，有时采用单独的半成品教学策略或许效果会更好。

第3章 实 训 篇

3.1 信息技术课堂导课教学技能

中小学信息技术课是一门实践性很强、富有个性化和创造性、具有明显时代特征、且更新速度较快的新兴课程，随着新课改的深入，如何有效激发学生的学习兴趣越来越受到广大教师的重视。课堂导入作为教学设计的第一环节，是一项需要精心设计的艺术，一个优秀的教学导入环节，不但能够起到画龙点睛、启迪思维的作用，更重要的是能够激发学生强烈的学习兴趣和求知欲望，充分发挥他们的主观能动性，从而促使学生全身心地投入探索新知识的过程中去。总之，精彩的导入设计可以为课堂教学奠定良好的基础，决定课堂基调与氛围，从而使教学达到事半功倍的效果。

3.1.1 导课的概念与目的

课堂教学导入又称导课，是指教师在课的开始阶段，为了集中学生的注意力，提高学生的学习兴趣和求知欲，激发学生的学习动机，并引导学生迅速进入学习状态而进行的教学行为。

认知心理学家皮亚杰认为，每个学习者的头脑中都有一个认知结构，只有当认知结构与外界刺激发生不平衡时，才能引发学习的需要，即人的心理总是有一种试图扭转这种不平衡以达到平衡的认知倾向，这就是学习动机。在教学开始时，学生的认知结构与新知识之间的矛盾是潜在的，学生并未充分意识到它的存在。为此，需要通过一定的教学行为，使潜在的矛盾表面化，并产生激化，从而促使学生产生学习动机，课堂教学导入就是为这一目的服务的[33]。

信息技术课的课堂导入环节也是基于上述目的而设计的，且相对其他学科，信息技术课堂导入设计有更特殊的意义。目前，随着信息技术和网络技术的发展，不少学生开始沉迷于网络游戏、聊天，这些学生一进入机房，想的就是玩游戏、聊天等，无心上课，为了能把学生的注意力成功地从游戏聊天中转移到课堂上来，这就需要中小学信息技术教师挖空心思去设计有趣的、有意义的导入环节。如果导入环节随意处置，草草了事，让学生对上课失去期待，久而久之，就留不住学生的心，课堂教学效果也会大打折扣。

总之，良好的开端是成功的一半，教学设计时教师要充分考虑学生的心理发展规律和不同的学习需要，设计好导课。导课设计得好，能集中学生注意力，激发学生兴趣，明确学习目标，有效地引导学生进入学习情境。

3.1.2　中小学信息技术常用导课方法

1. 温故导入法

中小学信息技术学科具有很强的系统性，前后连贯，新旧知识之间存在着一定的逻辑关系，教师在讲授新知识前，通过复习旧知识，如对学过的知识进行扼要总结，或提出与以前学过的知识有关的问题，引出与它们相联系的新问题，由此导入新课。这种导入突出承上启下的作用，提示学生要运用旧知识理解新知识。

温故导入案例："公式与函数——Excel 数据统计"

（1）教师先回顾上一节课讲一个数学故事：棋盘上的麦粒，通过计算公式来求出各个单元格上麦粒的数量，即回顾怎样在 Excel 表中用公式法表示（A2=A1×2）。

（2）让学生打开事先传给他们的表一（图 3-1），用公式法将四所工厂的季度收入加起来求出年总收入。

慈溪市某四家工厂2006年收入情况一览表（一）				单位：万元	
工厂名字	第一季度	第二季度	第三季度	第四季度	年总收入
工厂甲	267	299	300	298	
工厂乙	198	213	219	254	
工厂丙	370	356	375	279	
工厂丁	278	249	285	291	

图 3-1

（3）让同学们打开表二（图 3-2），将四家工厂的每月收入加起来求出年总收入。

			慈溪市某四家工厂2006年收入情况一览表（二）单位：万元									
工厂名字	一月份	二月份	三月份	四月份	五月份	六月份	七月份	八月份	九月份	十月份	十一月份	十二月份	总和
工厂甲	267	299	300	298	278	287	319	279	297	276	266	302	
工厂乙	198	213	219	254	268	276	296	296	269	289	300	294	
工厂丙	370	356	375	279	301	392	327	310	301	268	255	277	
工厂丁	278	249	285	291	254	275	286	299	287	248	299	259	

图 3-2

（4）教师提出两个问题：

① 大家觉得用公式法来求和的方法好不好？

② 请同学们回忆一下我们上节课讲过的在 Excel 表中工具栏，我们还可以用什么方法进行求和？

在与学生的互动中导入新课内容：Excel 函数计算。

案例点评：这是一个非常典型的温故导入教学案例，教师先用一个简单的例子复习怎样在 Excel 表中用公式法表示，紧跟着又抛出两个不一样的表格让学生使用 Excel 公式求和，所有的操作似乎都是复习上一节课的内容，但教师的教学设计意图不仅仅是温故，巧妙设计的这两个表格是让学生体会在不同数据环境下用公式法求结果的情绪，在简单的数据环境中用公式法求年总收入是比较方便的，但是在复杂数据环境下，用公式法求出结果非常地烦琐和复杂，这样将会使学生产生强烈的改进计算方法的情绪，从而引出新课 Excel 函数计算。

2. 故事导入法

故事导入法，顾名思义，即以孩子们感兴趣的故事导入新课的学习，教师通过讲故事唤起学生的生活经验，从中抽象出信息技术学科的知识与技能，解决生活中的一些问题。在教学中根据具体内容，恰当穿插一些趣味性较强且寓意深刻的故事，不仅可以活跃课堂气氛，激发学生学习兴趣，加深学生对课本内容的理解，还能通过直接经验和间接经验相结合的规律来帮助他们展开思维、丰富联想，使之很自然地进入最佳学习状态。故事导入是中小学信息技术最常用的导入方式之一。

故事导入案例 1："图文并排"

（1）教师向学生推介绘本"可爱的鼠小弟"系列。自 1974 年问世以来就深受孩子们的喜爱，囊括日本各大童书奖项，累积重印 1200 次，被誉为"日本绘本史上不可逾越的巅峰"，也是世界绘本经典中的经典。

（2）教师和学生共同讲其中一个故事"一份特殊的生日礼物"，今天是鼠小弟的生日，动物们决定在这有意义的一天帮小寿星鼠小弟达成他梦寐已久的心愿，鼠小弟说过他可是做梦都想到月亮上去，亲亲她摸摸她抱抱她呢！可是动物们都不知道月亮是什么味道的？是甜的？酸的？还是咸的呢？大家都想尝一口啊！

（3）导入教学内容：图文并排鼠小弟故事。

案例点评：这一课的学习目标主要是掌握 Word 文档图文并排的方法和技能，原教材采用的教学案例是 IT 风云人物介绍，采用的图片素材和文字介绍既正式又普通，平淡无奇的教学内容吸引不了四年级的小朋友。本课教师采用经典绘本"可爱的鼠小弟"中的一个故事作为教学案例进行导入，由于该案例故事情节非常有趣，图文并排的画面尤其吸引这一年龄段的学生，采用这样的形式导入，在课堂的一开始就牢牢抓住了学生的心。

故事导入案例 2：“标点符号的输入”

（1）教师讲一个故事：从前，有个财主十分吝啬，不管谁给他打工他都要克扣工钱。一天一位教书先生写了一张条：“无鸡鸭也可无鱼肉也可唯独白菜萝卜不可少不得工钱” 到财主家要给财主儿子当老师，财主看了后十分高兴，立刻让先生教他儿子。一年过去了，先生找财主要工钱，财主莫名其妙地说：“你不是不要工钱吗，咱们可有字据呀。”便拿出字据给先生看，先生拿起笔来在字据上点了几下，财主读后只好把工钱付给了先生。先生到底往字据里加了什么标点符号？

（2）教师提议师生一起来使用电脑角色扮演这个故事，导入新授课内容。

案例点评：不可否认中小学信息技术教材中有不少操作内容是机械乏味的，就如本课。本课教师采用有趣的中国古代故事对教学内容重新包装后导入，很好地吸引了学生的注意力。另外，使用故事导入并讲授还有一大好处是丰富了课堂教学内容。我们现在使用的信息技术教材中，其中有不少课堂安排的教学内容量过少，这些课教师讲解几分钟、学生再操作几分钟就完成了课堂教学任务，多出的时间，学生吵吵闹闹，乱成一锅粥。

故事导入案例 3：“C 语言中的循环结构”

（1）教师讲了一个故事：

有一位国王与数学家阿基米德下棋。国王说：我们这样干下棋好像不够刺激，要么赌点什么吧。阿基米德说：好啊。国王说：如果我下赢了，你就给我打一辈子长工。阿基米德说：行啊。我要是赢了，你就在棋盘格子里放上米粒就行了。国王问：怎么个放法呀？阿基米德说：围棋盘一共就这么多格子，你要是输了，就在第一个格子里放一粒米，在第二个格子里放两粒米，在第三个格子里放四粒米，以此类推，以后每个格子放的米粒都是上一格的一倍，放完就行了……

（2）结果阿基米德赢了棋。教师由此导入新教学内容。

案例点评：程序设计课如果按照常规的教学方式来上，对于一般的中学生而言，普遍会感到枯燥乏味、晦涩难学，本课教师使用著名的阿基米德和国王下棋打赌的故事来导入新课“C 语言中的循环结构”，可以有效激发学生的探究欲望。

3. 电子作品导入法

在信息技术课堂教学中，学生和教师将他们创新思维和解决问题的结果运用信息技术文化环境表达出来，如用 Word 制作成电子作业、PowerPoint 演示文稿、Frontpage 和 Dreamweaver 制作成网页、Flash 制作的动画、VB 设计的小软件等，这些数字化的作品被称为“电子作品（e-Works）”。

在目前的中小学信息技术课程当中，实践操作课占了很大的比重，每一课或每一阶段的教学结束后，学生都要完成一定数量的电子作品。富有创意的优秀电子作品是一份宝贵的教学资源，为了能拥有这份宝贵的教学资源，教师平时要勤于钻研、勇于创作，也要善于发现学生的创新之作。另外，经常收集一些优秀的网络资源，也是很有必要的。由于电子作品具有自激励和他激励性，在导课阶段教师可以利用一些优秀的电子作品进行情景创设，能够收到意想不到的教学效果，电子作品导入法也是中小学信息技术课堂常用的导入方式之一。

电子作品导入案例 1：“PPT 自定义动画”

（1）教师展示两组 PPT 自定义动画作品，一组是教师自己制作的小球单摆运动 PPT 动画（图 3-3），另一组是教师从网络上下载的第三届锐普 PPT 大赛作品《惊变》（图 3-4）。

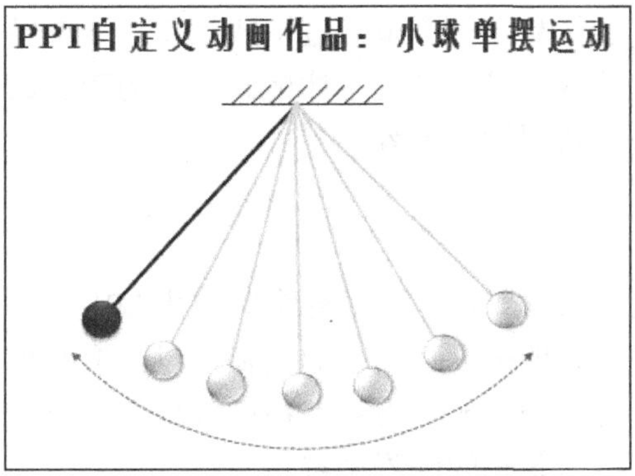

图 3-3 教师自制 PPT 动画作品

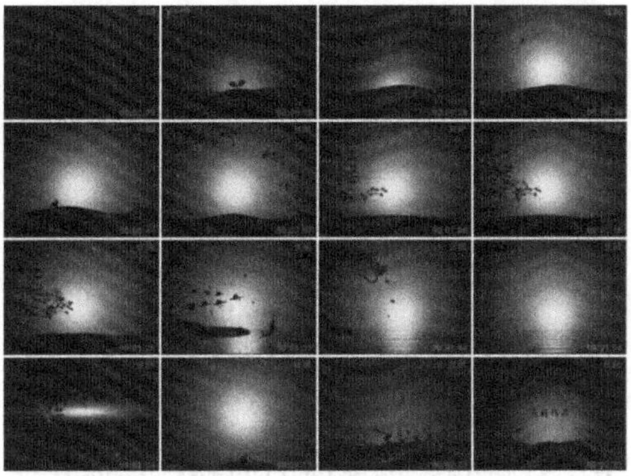

图 3-4 第三届锐普 PPT 大赛作品《惊变》

（2）询问学生对作品的观后感，激发学生的学习欲望。

（3）导出新授课内容。

案例点评：本课导入环节展示的电子作品是教师从网络上下载下来的非常优秀的 PPT 动画短片，绝大多数学生此前对 PPT 动画的了解只停留在如文本的飞入飞出这类简单的动画。教师展示的这组完全可以媲美 Flash 动画效果的 PPT 作品，让学生产生了强烈的认知冲突，极大地吸引了学生学习 PPT 动画的欲望。采用电子作品导入，教师出示的作品通常是完整的优秀的范例作品，有时也可以出示一些不完整的、甚至带有明显缺陷的作品，让学生分析并期待用将要学习的知识来改进它。

电子作品导入案例 2：“文字格式设置”

（1）教师先出示两个 Word 电子作品（图 3-5），询问同学们喜欢哪一个，为什么？

（2）学生回答原因。

（3）导出新授课内容：文字格式设置。

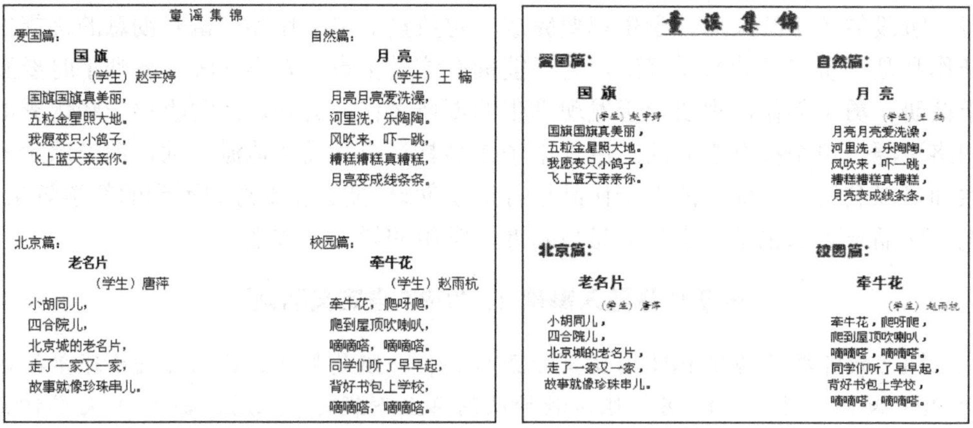

图 3-5　Word 作品对比图

案例点评：本课教师拿两个不同的电子作品：一个未经过格式加工，一个经过格式加工，这两个作品对比明显，学生很容易发现经过字体格式加工的明显比未加工的要漂亮，教师由此因势利导，提出新课学习内容。

4. 问题导入法

中小学生具有很强的好奇心，在遇到矛盾、对问题产生悬念时，大脑中会出现特有的兴奋，于是就会积极思考，千方百计地去探索其中的奥秘，以获取心理上的满足。教师在课堂教学导入设计时，可以根据教学内容，精心设计能够引起学生好奇心、探索欲的问题，以激发学生学习新知的强烈愿望。

问题导入案例："画 100 个同心圆"

（1）教师先给出题目"编程实现：在屏幕的中央画 1 个圆"，学生使用已有知识很快完成该题目。

（2）教师再提出问题"编程实现：在屏幕的中央画 100 个同心圆"（限时），学生很快就发现，用已有知识解决该问题很烦琐，在规定时间内完成不了任务。

（3）教师和学生一起探讨解决这个问题的方法，从而一步步引出这堂课的教学重点：循环语句、循环结构程序的概念与功能。

案例点评：本案例来自《高中信息技术课程标准》，在本课中教师创设了一个蕴涵着探究性、实践性、高度真实的问题情境：限时在屏幕中间画 100 个同心圆，学生使用已有的知识并不能完成该任务，从而使学生产生强烈的认知冲突，思考其中蕴涵的问题并产生自己探究的欲望，从而使学生主动参与教学。

5. 生活热点导入法

生活热点导入方法就是教师利用近期发生在身边的事或国内外大事来导入课文。教材的安排是固定的，但是每天发生的事件都是无法预知的，因此这一方法完全要看教师是否能灵活联系生活，如能应用恰当，是一类很有时代气息和生活气息的导入方式。

生活热点导入案例 1：“函数的妙用”

（1）教师提问：2012 年伦敦奥运会即将召开，那么作为体育大国，请同学们预测一下今年中国代表团将取得怎样的成绩呢？

（2）出示历届奥运会上中国代表团的奖牌榜电子表格（图 3-6）。

中国历届奥运会奖牌榜

届数	金牌	银牌	铜牌	奖牌总数
第23届	15	8	9	
第24届	5	11	12	
第25届	16	22	16	
第26届	16	22	12	
第27届	28	16	15	
第28届	32	17	14	
第29届	51	21	28	
总计：				
平均取得奖牌数：				

图 3-6　Excel 电子表格

（3）对奖牌榜表格进行统计从而导出新授课内容。

生活热点导入案例 2：“因特网信息资源评价”

（1）教师创设第一个情景：老师在天猫超市里买了一些零食。昨天货物送到了，今天要在淘宝上收货，接着演示在淘宝上收货付款的操作，并对商品进行了评价（图 3-7）。

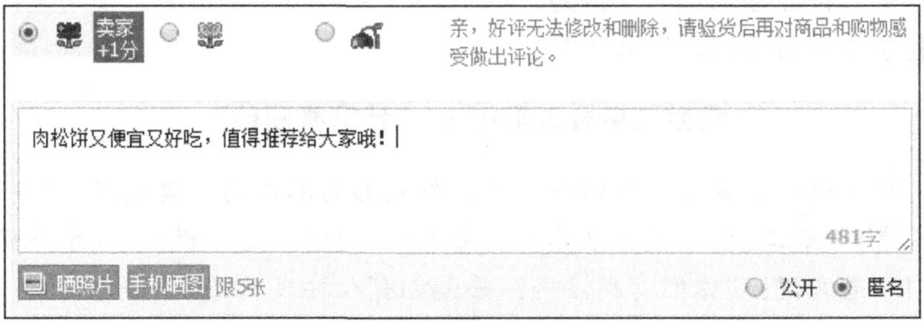

图 3-7　淘宝商品评价

（2）教师创设第二个情境：在淘宝上看中了一个优盘，不知道这个优盘值不值得买，请大家给点建议。展示优盘的购买页面，让学生讨论从哪些方面可以来衡量这个优盘是否值得购买。

（3）有的学生提出看优盘的技术参数，有的学生提出技术参数不一定准确，还要看看已经买过这个优盘的人对优盘的评价。教师顺势给学生展示了别人对这个优盘的评价和优盘的综合评价（图 3-8），并探讨这个优盘的购买价值。

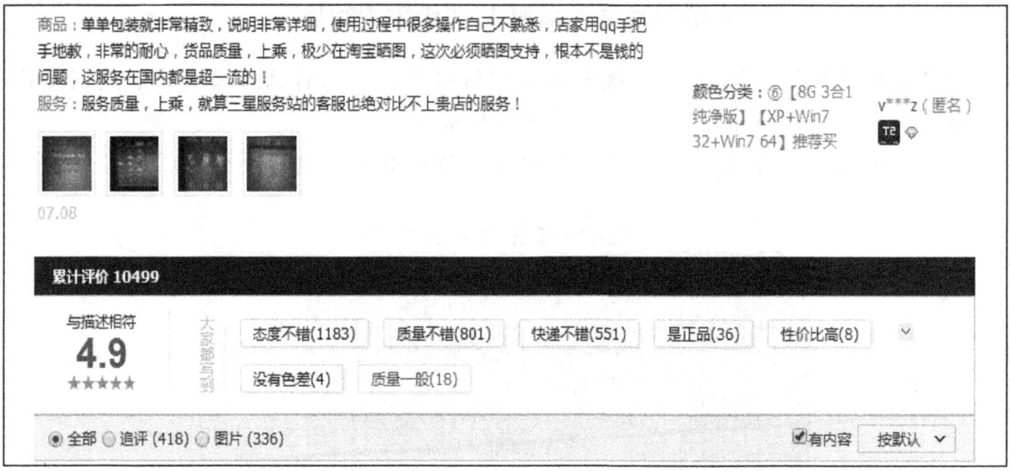

图 3-8　优盘商品评价

（4）教师提问：我们在互联网上评价一个资源时，有哪些评价方式？

案例点评：以上两个案例的导入方式都是教师紧紧围绕上课当时发生的生活热点展开的，由于贴近生活，学生能从心里对教学内容产生认同感，从而吸引住学生的注意力。

6. 幽默笑话导入法

幽默笑话是人类智慧火花的闪现。它可以愉悦身心，启迪心智。教学中的幽默实际上是一种能够增加教学情趣，和谐师生关系的教学机制。使用幽默笑话导入能激起学生学习动机，经久难忘。

幽默笑话导入案例 1：“计算机硬件”

（1）教师讲一个笑话：有四个兄弟，整天形影不离的，老大说：“我好惨啊，每天给人看！”老二说：“我也很惨啊，每天给人打！”老三说：“我才惨呢，每天给人摸！！”老四说：“你们有我惨吗？每天都有人按我肚脐眼——”

（2）教师让学生猜猜这四兄弟是谁啊？从而导出新教学内容。

幽默笑话导入案例2："文本框插入竖排文字"

（1）教师讲一个小幽默：有一个英国人到中国来学习中国的古典文学。学了一段时间以后，他颇有感触地说："你们中国人的祖先就是聪明，他们写的书是边看边点头，而我们的祖先写的书边看边摇头。"请大家说说看，为什么我们古人的书是边看边点头呢？学生回答"因为古书中的字是竖排的"。

（2）教师接着说："前几节课，我们输入的文档都是横排文字。在我们编辑中国古代的文学作品时，如果我们采用竖排文字，将会产生一些特殊的效果，给文档增添古朴典雅的韵味。这节课，我们先一起来学习如何使文字竖排。"从而导出新教学内容[34]。

案例点评：以上两个案例的导入方式都是教师讲一个幽默故事或笑话导入新教学内容的。这两个内容的信息技术课本身是比较乏味的，如果教师不刻意改变语言风格，很容易将课上得平淡无味，就像在读软件说明书一样。信息技术教师语言要避免平淡的说教，要化平淡为诙谐，增强语言的幽默感，使自己教得轻松，学生学得愉快，使教学过程处处闪烁着智慧的光芒。当然，幽默的语言、灵活的课堂导入是老师灵感的发挥和智慧的结晶，是要经过长期的实践经验积累的。

7. 游戏导入法

喜欢游戏是儿童的天性，利用游戏的这一功能，将所要学习的知识渗透到游戏活动中去，使学生在参与游戏的过程中，心情轻松愉快，将注意力很快地引导到新知识的学习中来。采用这种方法导入，教师不仅可以使用计算机游戏程序，还可以采用其他方式的游戏，但不管采用哪种游戏，都要注意教学游戏不同于玩耍，教师应当经过精心挑选、设计。

游戏导入案例1："文字的复制与粘贴"

（1）教师请两位同学参加一个人说绕口令，一个人打绕口令，比比说得快还是打得快？八十八个灯笼，八十八个灯笼照亮八十八只小虫，八十八只小虫咬破八十八个灯笼，八十八只灯笼掉进八十八个窟窿，八十八个窟窿收留八十八个灯笼，八十八个灯笼去找八十八只小虫。

（2）教师助阵打绕口令，赢下比赛。

（3）分析教师赢下比赛的秘诀，导入新教学内容。

案例点评：本课内容极其简单，没有深奥的理论，也没有复杂的操作步骤，一两分钟教师就可以把课讲完了，太简单的课对信息技术教师来说是极大的挑战，本课教师借助一个健康益智性的竞赛游戏导入环节，既激发了学生对信息技术知识的求知欲望，同时丰富了课堂教学内容。

游戏导入案例 2：“信息及其特征”

（1）教师组织同学一起玩“我来解释，你来猜”的游戏。

（2）游戏结束后教师给学生总结，游戏过程其实就是一个信息传递的过程，卡片上的字就是我们所要传递的信息，接着可以对信息进行讨论，这样就引出了新课。

案例点评：这是一堂信息技术理论课，由于理论课通常也在机房上，学生一进机房本能地就想去开机上网，因此对于信息技术理论内容，部分学生是不太听教师讲解的。如何让学生喜欢上理论内容，这对信息技术教师来说也是极大的挑战，本课教师借助一个我演你猜的互动游戏导入新课，有效地避免了乏味的说教，成功地吸引了学生对这堂课的学习兴趣和求知欲。

游戏导入案例 3：“算法及其实现”

（1）先让学生试玩小程序（图 3-9）“你爱我吗？”，尝试点击“爱”与“不爱”两个按钮，观察发生了什么现象。

图 3-9　VB 小游戏

（2）师生一起再玩一次游戏，共同体验和总结小程序的功能和界面组成。

（3）教师告诉学生这个小程序是在 Visual Basic 软件中设计和开发的，制作过程很简单，激励学生自己动手做一个，导入新课内容。

案例点评：这是一个典型的游戏导入教学案例，教师先让学生试玩了一个小游戏，利用游戏把学生的情绪和兴趣调动了起来。然后教师和学生边玩游戏边分析游戏的界面和功能，让学生感受到这是一个比较简单的、他们可以完成的小程序，从而树立起了他们的信心，激发了他们动手制作的欲望，自然地引出了新课内容。

8. **多媒体导入法**

多媒体（视频、音乐、图片等）具有丰富的表现力与感染力，能够生动、形象地呈现教学信息，利用多媒体手段导入新课，可以很好地创设情境，有利于激发学生的情感，促进学生主动、积极地参与到教学活动中来。由于目前的计算机基本上都是多媒体计算机，信息技术学科采用这种方法导入新课，是最方便快捷的；同时，它还有利于弥补中小学信息技术教师语言表达能力可能偏弱等缺点。

多媒体导入案例1："信息的表达"

（1）教师播放幽默视频（图3-10），学生观看视频。

图3-10 幽默视频

（2）教师提问：这个视频搞笑吗？在生活中会发生类似的事件吗？是什么原因导致了司机语音拨号不成功？我们在表达和交流信息时，需要注意些什么问题？导出新课讲授内容。

案例点评：这是一个典型的采用幽默视频导入教学案例，教师通过该视频，带领学生在轻松的气氛中开始了学习活动。本课属于理论课，教师利用一个幽默视频，有效地避免了乏味的说教，成功地吸引了学生对这堂课的学习兴趣和求知欲。

多媒体导入案例2："虚拟旅游"

（1）教师展示两张五一节期间，热门旅游景点的拥挤照片（图3-11）。

图 3-11 五一景点照片

（2）教师接着询问学生对五一旅游的感想。

（3）教师表示这个五一没有出去玩，但在家里轻轻动动鼠标就去玩了很多地方，同学们想不想知道老师是如何办到的呀？导出新授课内容。

案例点评：这是一个采用图片形式导入新课的教学案例，由于两张图片的内容与课程内容有着非常直接的对比关系，且图片呈现的信息真实震撼，很能让学生产生思想上的共鸣，从而激发学生的学习兴趣。此外，这些图片也为后续新课的开展创设了非常好的教学情境。

9. 比较导入法

比较导入法就是把同类或不同类事物进行比较并进行简单分析或设置疑问，从而进行课堂导入的一种方法。通过比较这类教学行为，一方面易于激发学生学习的兴趣，并使其产生探知欲，从而使教师的教学和学生的学习起到“事半功倍”的效果；另一方面也易于加深知识之间的联系和理解。因此，比较导入法也是常见的一种信息技术课堂导入方法。

比较导入案例 1：“图形和图像”

（1）教师先让学生观看下面两张图片（图 3-12）。

图 3-12 图像和图形的对比

（2）让学生阐述这两组图片的差异，教师帮着总结，然后点出这两组图片就是本课要学习的内容——图形和图像。

案例点评：教师通过两组图片让学生对所要学习的新知识有了直观的、感性的认识，然后通过学生的归纳和总结，自然地引出了新课。教材中对图形和图像概念的阐述比较抽象，对学生来说很难理解，而教师巧妙地利用了两组风格和效果迥异的图片把抽象的知识形象化了，让学生直观地体会到了图形和图像的差异，顺利地进入新课的学习活动。

比较导入案例2："IP地址及其管理"

（1）教师先让学生输入域名"www.baidu.com"打开百度网站。

（2）再让学生通过输入http://202.108.22.5/来打开网页，比较打开两个网页的结果。

（3）教师导入新课：IP地址。

案例点评：教师通过让学生体验两种不同的操作方法带来的体验，自然地引出了新课。这一堂课知识相对枯燥乏味，直接导入讲解，学生学习兴趣不高，通过操作对比，有效激起了学生的学习欲望。

3.1.3 中小学信息技术导课原则

1. 针对性原则

导课时所选择的材料要与教学内容、教学目标存在直接对应关系，不能脱离、更不能使用与之相矛盾或有冲突的导课材料。如果不考虑教学内容，只是一味地去迎合学生，东拉西扯，那么再精巧的导入，也只是哗众取宠，对于课堂教学，不但不能起到好的作用，而且会适得其反，事倍功半。

2. 趣味性原则

新课的导入要利用故事游戏、历史典故、问题悬念等做到语言风趣、新颖独特、引人入胜，使其以新鲜活泼的面貌出现在学生面前，令学生耳目一新，最大限度地引起学生兴趣，激发学生学习积极性。

3. 多样性原则

课堂导入方式要形式多样，富于变化，如以欣赏作品导入、从教师故意所犯的操作错误导入；同时，教师还可以采用多种媒体辅助进行导入，如录像导入、动画导入、歌曲导入、诗词朗读导入等。多种导入方法不断变换，让学生对每一堂信息技术课都充满期待。某一类导入方式再好，如果每节课都用它，效果就如程咬金的三板斧，久而久之，学生对之就没有新鲜感。教师要根据教学内容，适时、实时地进行变化和调整，使学生真正在信息技术的海洋中快乐徜徉。

4. 简洁性原则

在进行教学导入时，要用最有效地方式、最少的时间、最快的速度，使学生集中注意力，迅速进入学习情境。尽可能在开头的几分钟内完成导入。

3.2　信息技术新课讲授技能

信息技术课新授教学环节是继导入环节后的一个非常关键的课堂教学环节，它通常是以教师系统讲授为主，同时运用演示、提问等方式，保持并加深学生对信息技术学习的兴趣，引导学生把新旧知识联系起来，形成新的知识体系，从而掌握信息技术有关的概念和操作技能。

3.2.1　目前中小学信息技术新课讲授常用的教学方法

中小学信息技术课堂教学经过这二三十年的发展，以及受国内外各种教学理论的影响，教学方法一改以往“讲演练教学法”一统天下的格局，呈现了百花齐放的趋势。目前，中小学信息技术课堂教学方法众多，但最常用的教学方法主要有任务驱动教学法、基于问题的学习（PBL）、游戏教学法、范例教学法、讲演练教学法（表 3-1）。

表 3-1　中小学信息技术常用教学方法比较表[20]

教学方法	理论基础	培养目标	实施策略	适用范围
任务驱动教学法	建构主义学习理论	创新精神和实践能力、合作技能	1．任务要求应具体，具有情境性、可操作性、趣味性、开放性 2．任务分析要以学生为主体 3．教师要提供必要的资源及引导	综合运用课以及有多种解决途径的教学内容
基于问题的学习（PBL）	建构主义学习理论	问题解决能力，自主学习与终身学习的技能，合作技能	1．设计的问题有意义，结合生活和学习，靠近学生最近发展区 2．教师作为促进者和引导者 3．小组合作解决问题 4．注重反思概括 5．在学科知识的系统性与解决实际问题中所获知识的随机性之间保持平衡	典型的 PBL 适合于综合运用课，经过改良的基于小问题的 PBL 也可尝试应用于应用软件新授课教学
游戏教学法	杜威的活动理论	自主学习	1．游戏要有教育性 2．教师要对学生进行有效地调控	计算机基本操作技能的教学（如键盘、鼠标的基本操作等）

续表

教学方法	理论基础	培养目标	实施策略	适用范围
范例教学法	班杜拉社会学习理论中的观察学习	知识学习和能力培养的统一	1．范例要典型，有针对性 2．范例要有情境性和趣味性 3．范例分析要以学生为主体，并提炼出具有一般性、本质性、规律性的东西	绝大多数信息技术应用软件新授课教学
讲演练教学法	行为主义学习理论	计算机操作技能	1．讲解准确，有启发性，演示到位，抓住操作要点，注重归纳总结 2．从模仿练习到巩固练习，体现递进的层次性，由浅入深，揭示规律 3．建立检测机制	适合于基本操作课，应用软件新授课

3.2.2 教学范例在信息技术新知讲解中的作用

现阶段中小学信息技术课堂以各种学习理论为指导的各种教学方法虽然百花齐放、各有天地，但所有的教学方法都离不开教学范例的支撑，范例（图3-13）选取是否得当，直接影响了信息技术教师课堂讲授的质量。信息技术新知讲解阶段，不管采用何种教学方式，教学范例的精挑细选是至关重要的。

“范例”一词源于拉丁语，其意是“好的、特别清楚的例子”“典型的例子”。20世纪50年代至70年代的联邦德国，德国著名教育家、教学论专家瓦·根舍因和克拉夫基为了适应第二次世界大战后世界科技迅猛发展及知识总量急剧增长，提出了“范例”教学。瓦根舍因认为：“范例”就是“隐含着本质因素、根本因素、基础因素的典型事例”。范例教学理论的另一位代表人物克拉夫基指出：“范例”更确切地说就是“好的例子”“典型的例子”“学生能够理解的例子”。

瓦·根舍因

范例教学法倡导人

克拉夫基

范例教学法倡导人

图3-13 “范例”教学理论

教学范例在信息技术新知讲授中具有以下几个方面的作用。

（1）教学范例是信息技术操作性知识与技能内容的有效载体。

操作性、应用性是中小学信息技术课程的典型特征，“学生能熟练地操作并应用常用信息技术工具，适应信息技术的发展变化，初步形成自主学习新信息技术的能力”是中小学信息技术新课标的要求。假如教师在讲解常用信息技术工具软件的使用方法时，不用例子，只是如数列出菜单的组成，学生很难理解并真正掌握软件工具的使用方法。因此，信息技术教师势必借助一个或若干个范例，把零散的内容融合在范例里，然后讲解其操作过程与方法。学生通过范例学习，可以轻松地掌握蕴涵在里面的知识和技能，而且能够对范例举一反三，将所学的知识和技能迁移到软件工具的其他操作功能的学习中去。

（2）教学范例可以有效地激发学生的学习兴趣。

信息技术教学范例的选择通常要求符合真实性、趣味性和美观性，这样的教学范例能给课堂教学提供有效的、形象生动的教学情境；且精挑细选过的一些优秀教学范例能让学生在学习知识的同时，还能有更多的美的享受，也更易激发起学生的学习兴趣和动手操作的欲望。

（3）有利于提高课堂教学效率和学生的动手实践能力。

精选后的信息技术课堂教学范例通常知识含量高、逻辑结构性和可操作性强，教师比较容易实现精讲教学内容的目的，这样也就可以留出尽可能多的时间让学生上机操作；另外，教学范例为学生的动手操作实践提供指导与参照标准，可以有效减少学生完成操作任务时的盲目性。

3.2.3　教学范例选择原则和建议

范例教学论与传统教学最大的不同在于它试图以精心编选的“范例”来取代全面肤浅的教学，范例教学就是要通过典型的事例、教材中关键性问题的教学探索，来带动学生理解一般性内容，从而培养学生的问题意识，独立地、自发地继续学习的能力。信息技术教学范例的选取一般需符合以下几条原则。

1. 趣味性

著名教育家赫尔巴特曾说过：“教育应当贯穿在学生的兴趣当中，使学生的兴趣在教学的每阶段都能连贯地表现为注意、等待、探究和行动。兴趣既是教学的手段，又是教学的目的。” 激发学生兴趣、培养学生信息素养是教学范例趣味性成功与否的体现，在教学中使用趣味性的案例教学更能吸引学生、发人深省、引人入胜。

趣味性案例 1：《图文并茂美文章》（浙教版四上 12 课）

教材中案例：采用的教学案例是 IT 风云人物介绍，所用的图片素材和文字介绍既正式又普通，平淡无奇的教学内容很难吸引四年级的小朋友。

新案例：采用风靡全球的鼠小弟系列绘本中的“一份特殊的礼物”故事，如图 3-14 所示。该案例从内容看，充满童趣，从操作技术角度看，图文混排，形式多样，学生见到这么有意思的学习内容，学习兴趣高涨，课堂气氛活跃。

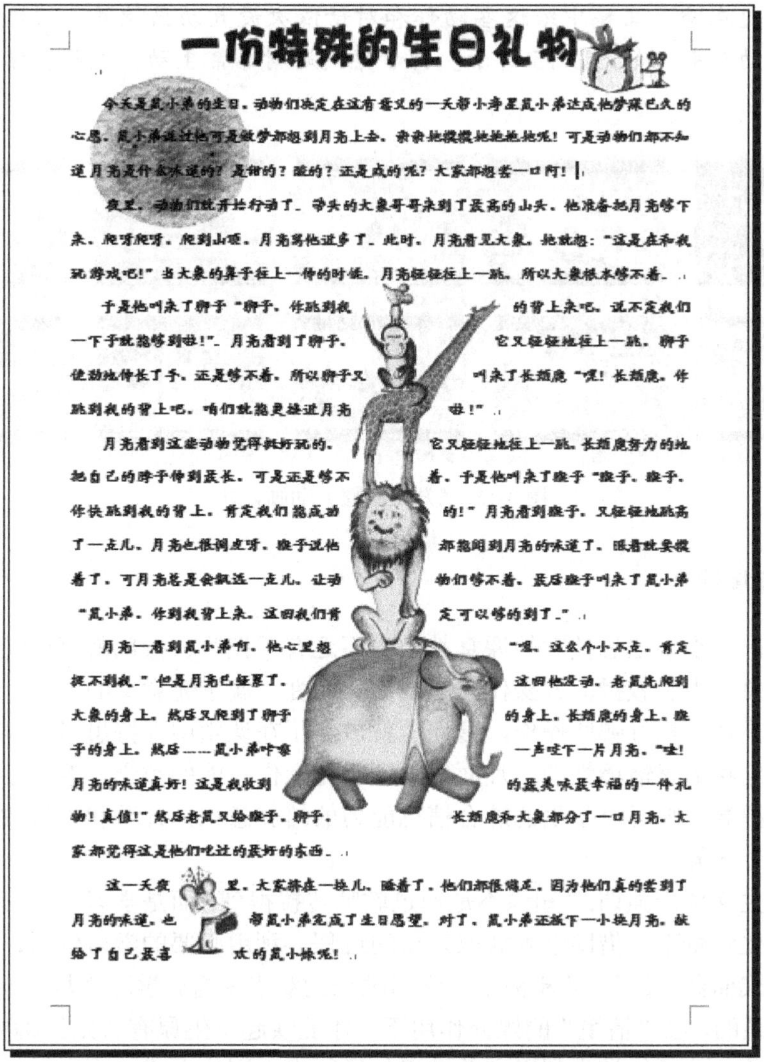

一份特殊的生日礼物

今天是鼠小弟的生日。动物们决定在这有意义的一天帮小寿星鼠小弟达成他梦寐已久的心愿。鼠小弟说过他可是做梦都想到月亮上去。亲亲她摸摸她舔舔她呢！可是动物们都不知道月亮是什么味道的？是甜的？咸的？还是咸的呢？大家都想尝一口啊！

夜里，动物们就开始行动了。带头的大象哥哥来到了最高的山头，他准备把月亮够下来。爬呀爬呀，爬到山顶，月亮离他近多了。此时，月亮看见大象，她就想："这是在和我玩游戏吧！"当大象的鼻子往上一伸的时候，月亮轻轻往上一跳，所以大象根本够不着。

于是他叫来了狮子"狮子，你跳到我的背上来吧，说不定我们一下子就能够到她！"。月亮看到了狮子，它又轻轻地往上一跳，狮子使劲地伸长了手，还是够不着，所以狮子又叫来了长颈鹿"喂！长颈鹿，你跳到我的背上吧，咱们就能更接近月亮啦！"

月亮看到这些动物觉得挺好玩的，它又轻轻地往上一跳，长颈鹿努力的地把自己的脖子伸到最长，可是还是够不着，于是他叫来了猴子"猴子，猴子，你快跳到我的背上，肯定我们能成功的！"月亮看到猴子，又轻轻地跳高了一点儿，月亮也很调皮呀，猴子说他都能闻到月亮的味道了，眼看就要摸着了，可月亮总是会飘远一点儿，让动物们够不着，最后猴子叫来了鼠小弟"鼠小弟，你到我背上来，这回我们肯定可以够的到了。"

月亮一看到鼠小弟时，他心里想"嗯，这么个小不点，肯定捉不到我。"但是月亮已经累了，这回他没动，老鼠先爬到大象的身上，然后又爬到了狮子的身上，长颈鹿的身上，猴子的身上，然后……鼠小弟咔嚓一声咬下一片月亮，"哇！月亮的味道真好！这是我收到的最美味最幸福的一件礼物！真值！"然后老鼠又给猴子，狮子，长颈鹿和大象都分了一口月亮，大家都觉得这是他们吃过的最好的东西。

这一天夜里，大家挤在一块儿，睡着了，他们都很满足，因为他们真的尝到了月亮的味道，也帮鼠小弟完成了生日愿望。对了，鼠小弟还抓下一小块月亮，献给了自己最喜欢的鼠小妹呢！

图3-14 图文并排："一份特殊的礼物"故事

趣味性案例2：《动画效果添生动》(浙教版七下16课)

教材中案例：采用的教学案例是精彩的多媒体世界，通过制作片头动画，掌握在幻灯片中添加、设置动画的方法。原案例在题材上和操作效果看，都不富有趣味性。

新案例：取材来自于学生们耳熟能详的经典寓言故事《郑人买履》，在这个故事中有人物的一系列的动作和对话，比如，主人公走到鞋子摊位前停下，看中中间一双鞋，说"我要这双鞋"，老板接着说"你穿多大的鞋呢？"等，教师和学生一起在演示文稿中给这些动作和对话依次设置动画效果，让这个有趣的寓言故事动起来，如图 3-15 所示。由于案例题材非常生动、逗趣，学生学习热情高涨。

图 3-15　《郑人买履》动画设计

2. **情境性**

目前，中小学信息技术的课堂教学中不乏有手把手、按部就班地纯粹教学生技能的现象，由于教授的各操作之间缺乏联系性，属于无意义的学习，学生非常容易忘记具体该执行哪些操作，慢慢地就放弃了在课堂中保持思考和保持注意力的习惯。这种缺乏情境性的、片面地强调软件操作技能的教学，忽略了对学生信息素养的提高，缺乏对学生的综合信息能力的培养意识，几乎和“微软产品说明书培训班”无异。

建构主义理论强调：“知识不是通过教师传授得到，而是学习者在一定的情境即社会文化背景下，借助学习获取知识的过程，利用必要的学习资料，通过意义建构的方式而获得的”。从建构主义学习理论的观点来看，学习总是与一定的“情境”相联系的，在“情境”的媒介作用下，才能唤起学生原有认知结构中的知识、经验及表象，从而使学生利用有关知识与经验去“同化”或“顺应”新知识。课堂中如果能够让学生置身于一定情境中进行学习，会大大提高学生的学习积极性。这就要求教师课堂讲授的教学案例一定要密切联系学生的学习、生活经验以及社会实际，由此唤起学生的学习愿望，更好地改造和拓展学生已有的认知结构，实现信息技术与日常生活和学习的整合[35]。

情境性案例 1：《动画效果添生动》（浙教版七下 16 课）

新案例：上面案例从趣味性出发，选用主题为寓言故事《郑人买履》，更多时候可以联系实际生活和学习，提炼出一些非常有价值的案例。比如，这一课也可以选择和学生学习息息相关的“小球单摆运动”动画（图 3-16）或“电路开关”

动画（图3-17）作为教师课堂讲授的教学案例，由于这两个案例贴近生活，且技术含量较高，学生非常爱学。

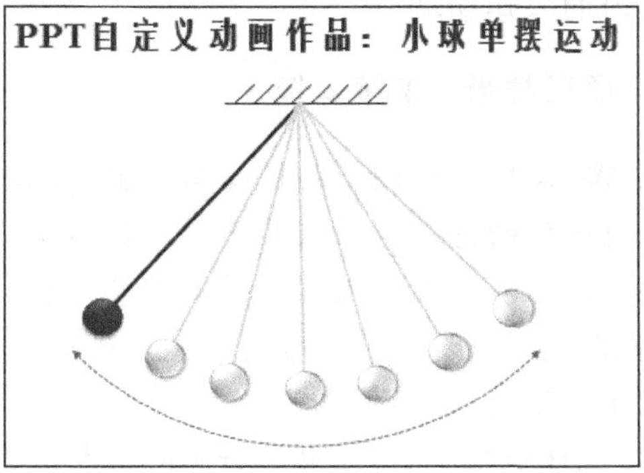

图3-16 自定义动画作品：小球单摆运动

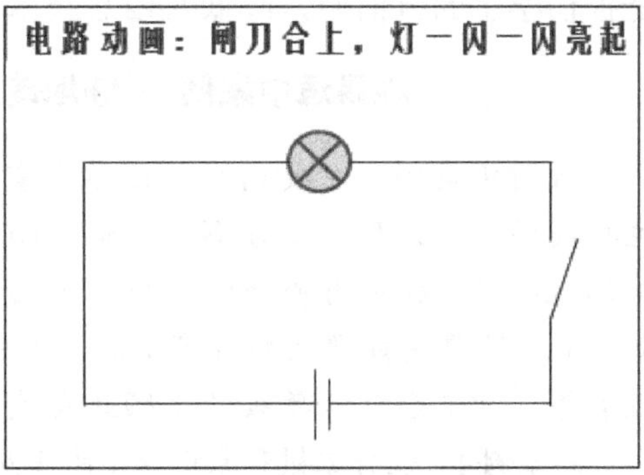

图3-17 自定义动画作品：电路开关

情境性案例2：《Photoshop图像处理》（浙教版 高一第三章）

教材中案例：使用Photoshop裁剪工具对一张图片进行裁剪，这张图片不管从题材看，还是从图片的美观程度看，都非常地普通，学生很难明白为什么要裁剪它，又要如何裁它，不能有效激发学生的学习和操作欲望。

新案例：教师展示两张照片素材，一张实习教师生活照（图3-19），一张全班同学集体照（图3-18），告知学生实习老师要离开学校了，很遗憾没有和全班同学们合影，于是想了个办法：裁剪实习老师的照片，裁剪出的身体粘贴到全班的集体照里，合成一张新照片。案例以实习老师和学生自己为范本，操作情境真实有趣，学生学习顿时兴趣盎然。

图3-18 学生集体照

图3-19 实习教师集体照

3. 难易适中

教学范例要紧扣教学大纲和教学目标，明确学生应该培养的知识与技能，同时也要了解学生的学情和学生的实际能力情况。案例选取的难易程度要适当，过于简单则会导致学生反感或无所事事后课堂纪律混乱等现象，而过于困难则有可能挫伤学生的自信心，降低对信息技术学习的兴趣和动机。

难易适中案例:《铺地砖》(原浙教版六下第4课)

教材中案例：主要内容是让学生掌握 Word 中自选图形的选择与设置，课本主要提供了三角形、正方形和矩形，而教材提供的范例是将这些不同形状不同价格的地砖进行拼凑并整合到一块固定面积中，这不仅需要用到大量的数学面积计算公式，还要发挥学生的经济头脑，将成本降到最低，同时兼顾自选图形的选择、设置等，常常会让六年级学生顾此失彼，捉襟见肘。

新案例 1：制作象棋和象棋盘(图 3-20)。该案例难度适中，讲授时间也容易把控。

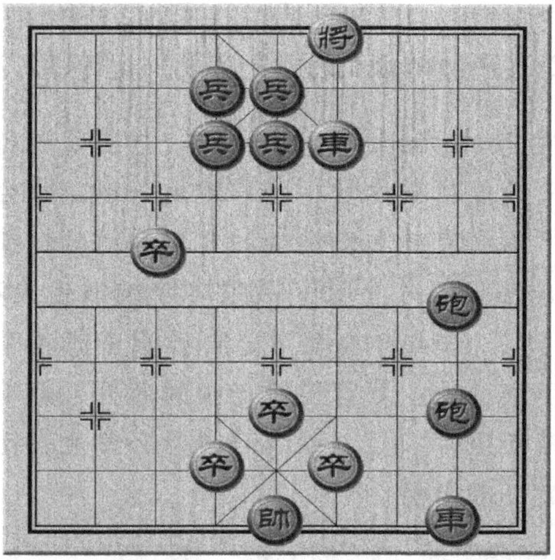

图 3-20　象棋和象棋盘

新案例 2：制作交通标记如图 3-21 所示。该案例难度适中，而且贴近学生生活。

图 3-21　交通标记

4. 给学生美的教育

艺术和审美的需要是在物质需要和享受得到基本满足的基础上必然发展起来

的，随着科学技术的不断发展和教育的不断变革，学生对多媒体作品审美的要求越来越高，这是人类所特有的一种高级属性。随着多媒体技术的进步，产生了许多制作精良、功能强大的多媒体制作工具，从而生产出绚丽多彩的多媒体作品，多媒体作品也从传统的功能性编程过渡到艺术加工。但当前，许多中小学信息教师更多的是强调多媒体的科学性和技术性，忽略其艺术性，更忽略了自身的多媒体艺术修养。

给学生美的教育案例1:《设置文本格式》(浙教版四上第2课)

教材中案例：设置字体颜色和设置字体动态效果，内容极其简单，案例纯粹为技术而技术，作品丑陋、脱离现实。

新案例：编辑这一课的信息技术教材标题（图3-22），案例真实感强，有一定的技术难度，最重要的是富有美感和创造力。

图3-22　教材标题设计

给学生美的教育案例2:《精彩照片剪辑》(浙教版五上第6课)

教材中案例：范例提供的是学生参加运动会照片，这张照片无论从哪个方面看都不是很精彩，剪裁点也不够醒目。

新案例：案例图片清晰度高，景色美观，裁剪后的图片更是美得抓人眼球（图3-23）。

（a）裁剪前　（b）裁剪后

图3-23　图片裁剪案例

除了以上所提到的范例应具有趣味性、情境性、难易适中、美的教育和体验等内在条件，范例在选择时还应从外在条件考虑。

（1）根据授课类型选择。

根据授课类型分类，信息技术可以分为单一课和综合课。单一课是指一堂课完成一种教学任务，如传授新知识的课、巩固知识的课等，而综合课是指一堂课中完成两种以上的教学任务。教师在进行范例构建时应充分结合新课程标准及三维教学目标，将范例蕴涵的信息和知识点与授课类型相结合，制定单一任务目标或多维教学任务，并可进行适当的拓展延伸，以达到学生理解和熟练掌握教学任务的目的。

（2）根据计划课时选择。

有的教学任务在安排课时时可能需要多个课时才能完成，此时选用一个教学范例并将它连贯到底，综合实现还是依据课时选择不同范例来进行指导是教师在进行范例构建时需要考虑的。连续性的教学范例以及分阶段性的教学范例都有其各自的优势和不足。例如，若计划课时在 2 课时内，那么选取一个较长的教学范例可以使学生在知识与技能的获取上有一个连续性和完整性，而若 3 课时以上仍选取一个案例，则可能出现学生因范例的枯燥、无新颖性而对课程失去兴趣。

（3）根据学生类型选择。

依据年龄特点、认知水平、家庭背景等不同，在计算机的操作熟练度上存在着一定差异，因此，教师在选择教学范例时应了解学生的学情和学生的实际能力情况。因为在实施教学过程中，不仅要考虑学生能更有效地掌握某项知识或技能，同时要考虑如何运用技能教学这个载体使学生实现其他领域的学习。此外，还要考虑到各个年龄的学生呈现出的不同特点，例如，小学生对有直接经验或事实的事物易产生兴趣，初中生的自我意识较强，高中生的观察力相对持久和有效，依据这些特点在范例的选择上应体现出相应的水平。

3.2.4 信息技术新知讲授教学要求

1. 把握讲授的时机

传统的教育目标三级层次，优先重视获得知识，随着知识优先让位给情感态度和实践技能的优先，目前中小学教育出现了“突出行为培养”的新趋势，而信息技术作为一门实践性、应用性都很强的学科，教师在教学设计时和课堂教学中始终要铭记把上课时间尽可能多地留给学生，让学生尽早尽快地去动手操作、上机实践。

根据学生注意力曲线（图 3-24）可以发现：学生在上课的前 15 分钟里的注意力是最集中的，老师应该充分利用这个时间段，通过讲授知识让学生们了解到本节课要完成的教学任务和教学内容，让他们对一些基本的操作有一个初步的认识。

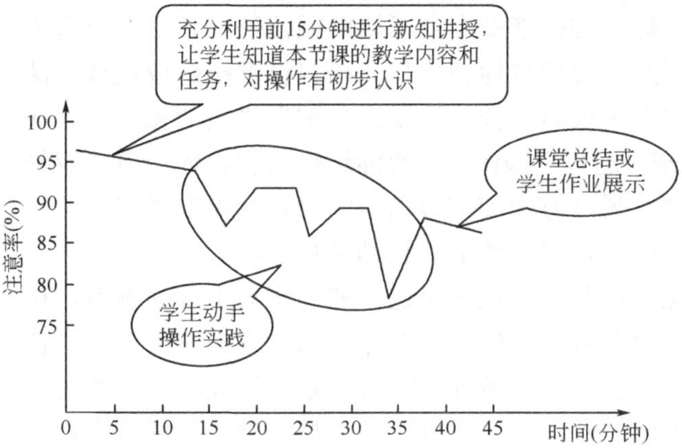

图 3-24 学生注意力曲线

2. 注重语言艺术

语言是教师向学生传授知识、启迪学生心灵、陶冶学生情操的重要工具，对提高课堂教学效率有着至关重要的作用。信息技术学科的应用性极高，教学内容往往比较机械，想让学生更快速、更好地掌握新知识、新技能，这就需要信息技术教师不断地锤炼课堂用语，提升自己的语言艺术。具体讲，信息技术课堂讲授语言方面要求做到以下几点。

（1）讲解要条理清晰。

中小学信息技术教学内容多数和软件的使用相关，这些内容通常是由一系列的操作步骤组成的，条理清晰的讲解能让学生对操作流程记得更快更长久，动手操作时迅速且果断；反之，学生听得糊里糊涂，等动手操作时不断举手提问，教师只得满场飞，解答此起彼伏的问题。怎么做到讲解条理清晰？教师必须先对教学内容进行合理归纳，讲解分块、分要点或分步骤，如第一步（先）做什么，第二步（接着）做什么……

（2）语言要规范。

准确规范是教学语言的灵魂，没有灵魂、缺乏科学性的语言，无论用词如何考究，语句怎样华丽，都是没有生命力的。目前中小学信息技术教师在语言的规范性上急需提高两个方面的技能。一是发音的准确性。目前中小学信息技术教师都经过了全国普通话等级测试，都能用标准的普通话来上课，但是信息技术学科中有一些特有的中英文常用词汇，很容易被误读。比如，“粘贴”这个词语，很多教师读成“nian tie”。通过多方考证，“粘”作为动词的时候应该读“zhan”，“粘贴”正确的也是唯一的读法是“zhan tie”。还有如英文单词“Excel”“Flash”“Word”等的发音，也有好多教师发音不准确，并把这种错误的发音潜移默化地传给了学生。另一个急需提高的技能是专业术语的规范使用。目前仍有相当比例的中小学信息技术教师课堂上习惯性地使用口头语言讲解概念或操作方法，如经常可以听到教师把“单击”说成是“按一下鼠标左键”,“关闭窗口”说成“点击叉按钮”,“选定”操作说成“选择”操作等。教师这样随意表述一方面有损信息技术课程的专业性、严肃性，另一方面使本该简洁的语言变得很啰唆。

（3）声音要洪亮，要有感情，要抑扬顿挫。

信息技术课通常都是在机房里进行的，相对于普通教室，机房的上课环境要复杂，机器一方面分散了学生的注意力，另一方面发出的轰轰低鸣声掩盖了教师的部分声音，因此信息技术教师的发音一定得洪亮，否则学生的声音就会盖过老师，课堂教学秩序一片混乱。另外，信息技术教师还应该根据教材内容和学生情绪，把幽默引进讲堂，活跃课堂气氛，巧妙地调节控制语言的节奏和音量，使之快慢适度，高低适宜，抑扬顿挫，轻重缓急，娓娓动听。

（4）语言要有互动。

相对于其他学科，信息技术课堂更需要互动，这是因为在机房环境下学生更容易分神，为了让学生全身心地投入到听讲中，教师准备的教学案例要有趣、吸引人，讲解语言要幽默简练，除此之外还得有师生互动的方式。提问是课堂常用的互动方式，中小学信息技术教师通常也会使用这种策略，只是基于信息技术课程内容的特殊性，提问互动方式在形式上要做一定的变通，如果像其他课程那样让一个个学生站起来回答老师的问题就不是很合适，这样会大大地浪费宝贵的讲授时间，因此互动更多地要体现在教师的讲解语言中，如讲授某个操作过程，不要像读说明书那样，而是中间经常要加进类似“大家看到界面发生了什么变化？”“下面又该怎么操作呢？”等商讨语句，这样学生就会随着老师的语言去捕捉屏幕上的变化，去思考怎么解决问题，听课效率自然就提高了。

3. 体态语言要丰富

教师的体态语言在课堂教学中有着十分重要的意义，有时候教师一个鼓励的眼神、一个亲切的微笑、一个形象的手势无不影响着学生的心灵和情感。教师在课堂上恰当运用体态语言，可以在有限的时空里，传递更丰富的信息，从而有效提高课堂教学效率[36]。

信息技术教师相对其他学科教师，体态语言要少一些，由于身处机房，经常一边操作电脑，一边讲解，而学生的视线又往往落在座位面前的计算机显示屏上，久而久之给信息技术教师造成体态语言不是很重要的错觉。其实，信息技术教师尤其要重视体态语言，例如，信息技术课堂秩序失控的概率比普通课堂要高，当课堂出现乱哄哄的情况时，使用击掌的方式请同学们安静下来的办法就比大声喊“不要讲话了，静下来，静下来”效果要好得多。表 3-2 是一个课堂讲授语言的案例分析。

表3-2 信息技术课堂讲授语言案例分析

课堂实录：《用Flash软件制作简单动画》

主讲教师：郑新颜

网址链接：http://v.ku6.com/show/m9lTMznATEC-gpkXUQ6e2A...html

上节课我们学习了用Flash软件制作简单动画第一部分的内容：一是认识了Flash窗口的结构；二是认识了Flash对编辑区大小以及背景颜色的设置；三是学习了对文字的基本操作。

下面请同学们完成任务一【将你所喜爱的一首诗的题目在编辑区内进行输入】，下面请同学们完成。（教师巡视指导）

做完的同学请举手，下面同学们小组讨论一下为什么选择这首诗，请小组中朗诵比较好的同学给大家展示一下。好了，谁愿意到前面来给大家朗诵一下这首诗，同学们注意一下她的操作步骤。边讲解边操作。（学生演示）

你为什么选择这首诗呢？ 请你给同学们朗诵一下。（学生朗诵）

今天我也选择了一首老师很喜欢的诗进行输入，请同学们欣赏一下。（教师展示并朗诵）同学们对比一下老师演示的和刚才同学展示的有什么不同呢？思考一下。谁愿意说一下呢？ （提问同学）

你们回答得非常好。那今天我们学习用Flash软件制作简单动画第二部分的内容，让大家的诗句动起来。我们今天就要学习四点：①设置动画；②播放动画；③添加背景；④保存动画文件，同时我们还要完成三项任务。下面我们就来学习设置动画，同学们注意看老师的操作步骤。我选择的就是刚才同学朗诵的题目，我们制作的是一个什么动画呢？制作一个从小到大的动画效果，好，以“饮湖上初晴后雨”为例，同学们注意我的操作，有哪几个步骤？都是什么？

首先在帧编辑区的第三十帧处单击，右击，在弹出的快捷菜单中选择“插入关键帧”，第一步插入关键帧。这时候我们会发现有一个小黑点出现了，我们把它称为关键帧。第二步调整文字的大小，用工具箱中的箭头工具，选择工具栏中的比例按钮，这时候我们会发现八个空点，拖动空点放大文字。第三步，缩小文字在哪？在第一个关键帧处单击，选择工具栏中的比例按钮，我们拖动空点，缩小文字。第四步，设置动画类型，选择工具控制面板开关中的“显示实例”这个按钮，单击，这时候弹出一个显示实例的对话框，我们看到这个对话框中有四个选项卡，我们选择“帧数”这个选项卡，我们观察变化选项写着没有变化，我们单击向下的箭头，选择“动作”，这时候你会发现从第一帧到三十帧处，有个小箭头出现了，什么意思呢？这是表示从第一帧到三十帧的动作是连续的。好，我们现在播放一下，这时候从小到大的动画就出现了。

老师在做的过程中，你观察到的有哪几个步骤啊？同学们好好想想有哪几个步骤？（老师提问，学生回答，教师总结四个步骤）

下面请同学们完成任务二：【给所输入的题目设置从小到大的动画效果并播放。】（教师巡视指导。提示：看看能不能设置别的动画效果）

好，很多同学都做完了，下面请同学演示一下。（同学演示）同学们可以注意一下还能做什么其他的效果呢？

刚才老师在任务二里有让同学们设置播放的效果，老师注意到有一个同学是这样播放的，有一个同学是那样播放的，那么你们是怎么播放的呢？我们大家之间交流一下，看看别人是怎么设置播放的？所谓条条大路通罗马，现在大家讨论一下，一会你来告诉我你的方法好不好。同学们动手试一下。（请同学回答播放方法，老师按同学的说法进行操作，并进行总结）

下面我们来学习这节课第三部分的内容：添加背景，主要有三个步骤。第一添加图层，二导入背景图片，三调节图片的大小。在导入背景图片的过程中，需要注意，弹出“是否导入全部图片系列”的对话框，这时候我们只需要一张图片，因此我们选择“否”，请同学们完成任务三：【看书给你所设计的动画，添加背景图片。】同学们可以在老师的图库里选择适合你选择的诗句的背景图片。

（教师巡视指导学生）请同学们来说一下，你通过看书，是怎么添加背景图片的？（学生讲解）

这么好的图片，这么好的动画效果，我们是不是想要进行保存呢？好，我们接下来学习第四部分的内容：保存动画文件，Flash动画文件可以保存成多种类型的文件，例如可以保存成可编辑的.fla、.swf、.gif以及可执行文件.exe等；今天我们就来学习生成.fla格式的文件，我们看一下操作步骤，首先单击菜单栏中的“文件”菜单下的“另存为”选项，选择保存位置，然后选择保存类型.fla格式。

下面请同学们完成任务四：【保存自己的动画。】（教师巡视指导）好，保存了的同学我们暂停一下，（切换电脑画面使学生暂停操作）现在请同学们回忆一下我们今天学习的四点内容。（教师总结）下面随机抽取自愿的同学们作品展示，并说明你的设计意图。下面我们布置一下课后练习（书里的练习）。

观后感：你认为该视频中教师在课堂讲授方面的语言有什么特点？

总之，信息技术教师需要运用眼神和头部表情巧妙地向学生传递和表达或赞赏、期望、鼓励，或暗示、责备和制止等丰富信息和情感，并配以适度的手势（图 3-25）来吸引学生的注意力和强化讲课效果。

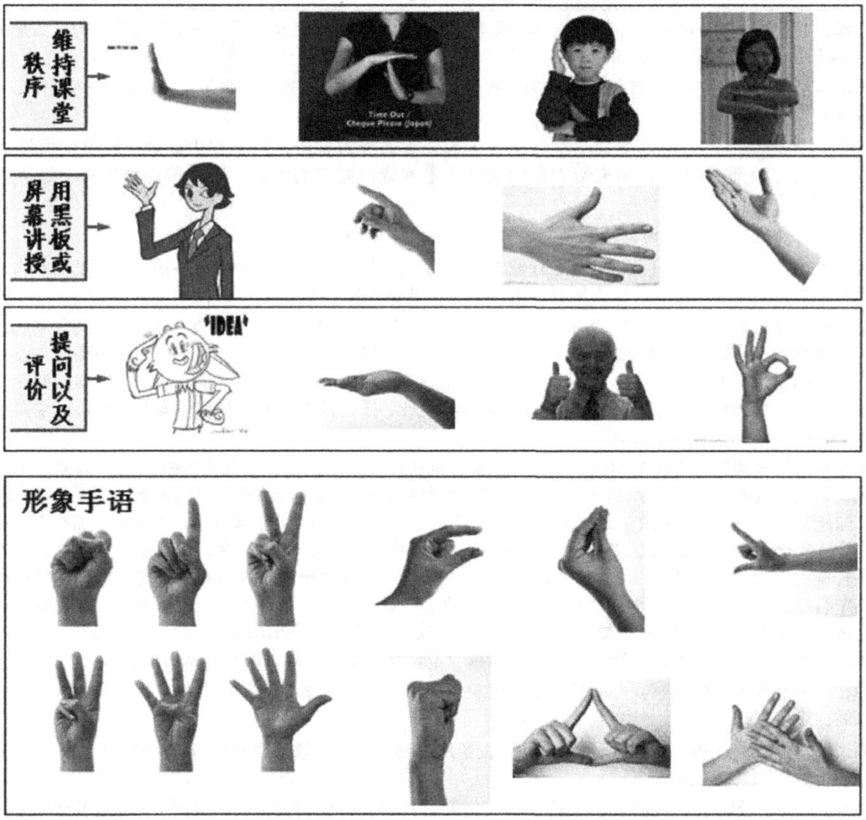

图 3-25　教师常用手势

4. 辅以恰当的板书

板书是教师在课堂上向学生传递教学内容的一种书面交流方式，只是在中小学信息技术课堂中，它和体态语言一样被广大的信息技术教师所忽视，经常一堂信息技术课下来，黑板上没有一个字，这肯定不该是正常的课堂教学现象。虽然信息技术课教师可以借助课件提示教学重点、要点，让讲授内容形象化，但教师现场书写的板书更能给学生直观的感受，留下的印象也更深刻。

那么信息技术课板书一般书写什么内容呢？一是一些重要的操作步骤，可以让学生在完成任务阶段参考。二是一些课堂现场生成的内容，如分组评价、学生好的创意等，见表 3-3。

表 3-3　信息技术课板书书写内容

重要的操作步骤	课堂现场生成的内容
案例： 1．选择生成图表的数据区域。 2．利用"图表向导"创建图表：图表类型→数据源→图表选项→图表位置。	**案例：** 第一组　★★★ 第一组　★★★ 第一组　★★★★ 第一组　★

3.3　信息技术任务设计技能

根据现代认知心理学研究成果：知识的学习经历习得、巩固和转化、迁移和应用三个阶段，在信息技术学科，知识的巩固和转化、迁移和应用这两个阶段通常是通过任务探究的方式进行的，教师引导学生由浅入深地进行知识、思维方法等方面的拓展训练，在任务的层层递进中使学生加深对新知识的理解和应用。因此，任务探索实践环节是中小学信息技术课堂必不可少的核心环节，且该环节时间占比大，一般为一节课 50%～70%的时间，基于任务探索环节在信息技术教学中的重要地位，作为中小学信息技术教师，必须精心地去设计每堂课的任务。

3.3.1　信息技术任务驱动教学含义

信息技术任务驱动教学是一种建立在建构主义学习理论基础上的教学方法，建构主义教学设计原理强调：学生的学习活动必须与大的任务或问题相结合，让学生在真实的教学情境中带着任务学习，以探索问题的解决方法来驱动和维持学习者学习的兴趣和动机。任务驱动教学法"以任务为主线、教师为主导、学生为主体"，改变了以往"教师讲，学生听"，以教定学的被动教学模式，创造了以学定教、学生主动参与、自主协作、探索创新的新型学习模式。

任务驱动教学方式已在中小学信息技术课中普遍使用，实践表明这是一种相当有效的教学方法。它将以往以传授知识为主的传统教学理念，转变为以解决问题、完成任务为主的多维互动式的教学理念，从浅显的实例入手，带动理论的学习和应用软件的操作，大大提高了学习的效率和兴趣，培养他们独立探索、勇于开拓进取的自学能力。一方面一个"任务"完成了，学生就会获得满足感、成就感，从而激发了他们的求知欲望，逐步形成一个感知心智活动的良性循环；另一方面任务驱动教学有助于教师及时获得反馈，并作出适当的调整。教师根据学生完成任务的情况，可以较为方便和全面地了解学生对该堂课知识、技能和方法的掌握情况，以便及时调整当堂课的教学节奏，或者做出必要的补救措施和对下堂课的复习巩固内容有更清楚的认识和做更充分的准备。因此，任务驱动的课堂教学过程充满了民主、充满了个性、充满了人性，课堂氛围真正活跃起来。

信息技术课堂中的“任务”，广义是指教师围绕课堂教学安排学生做的一些事情，包括阅读的、思考的、观察的、操作的、讨论的和表达评价的；狭义是指教师围绕课堂学习目标设计的有具体目的或意义的、有一定问题导向的、有一定操作环节和步骤的、可评价完成情况的工作包。

按照信息技术课堂上师生常见的交往行为，任务类型可以分为观察型任务、思考型任务、表述型任务和操作型任务[37]。

（1）观察型任务，是指学生通过观看、倾听教师或同伴的操作和陈述过程，经过自己内化加工短时记忆成为一些程序性步骤的过程。

（2）思考型任务，是指学生基于老师提出的问题或任务，基于现有的知识技能基础对问题的解决方法做出内部搜索加工的过程。

（3）表述型任务，是指学生需要将自己对操作的过程、步骤或方法的理解经过内部思维加工之后，用语言将其表述出来的过程。

（4）操作型任务，是指学生按照老师布置的练习及任务开展操作的过程。

这四种任务类型由教师围绕课堂教学目标有机选择、组织形成教学过程。其中，操作型任务在小学生信息技术课堂中是最常用的，一般来说，它使用的时间占据着课堂时间的最重比例。因此，操作型任务的设计，是教师做教学过程设计时思考的关键点，而观察型、思考型、表述型任务不一定是每节课都使用，它们是操作型任务完成的辅助手段。

3.3.2　中小学信息技术任务设计原则与案例

将任务带进课堂、让任务贯穿课堂，任务驱动教学法相比传统的灌输式讲授法，可以说是给信息技术课堂注入了新的无限活力，受到了广大师生和教育各界人士的好评，在一线的实际教学工作中也有声有色地进行着，但随着课程的深入开展和探讨，大家发现：中小学信息技术任务驱动教学能否成功实施很大程度取决于任务设计。鉴于目前中小学信息技术课堂教学中任务设计存在的一些问题，信息技术任务设计应遵循以下几条原则。

1. 趣味性

爱因斯坦曾经说过“兴趣是最好的老师”，学生的学习兴趣是提高课堂教学效果和学习成绩的关键，因此首先要培养学生对信息技术知识的兴趣。激发学生兴趣，培养学生信息素养是任务设计的重要原则，使用趣味性强的任务设计更能吸引学生，激发他们的动手欲望。

任务设计案例："画图工具的使用"（浙教版三上第6课学习内容）

本课主要教学目标：掌握"铅笔""刷子""喷枪""橡皮"等几个绘图工具的使用方法。任务设计（唤醒睡美人）：使用铅笔、刷子、喷枪、橡皮等几个绘图工具，画出睡美人睁开眼睛后，看到了蓝天白云、阳光明媚，花红柳绿、溪水潺潺的五彩缤纷的世界（图3-26）。

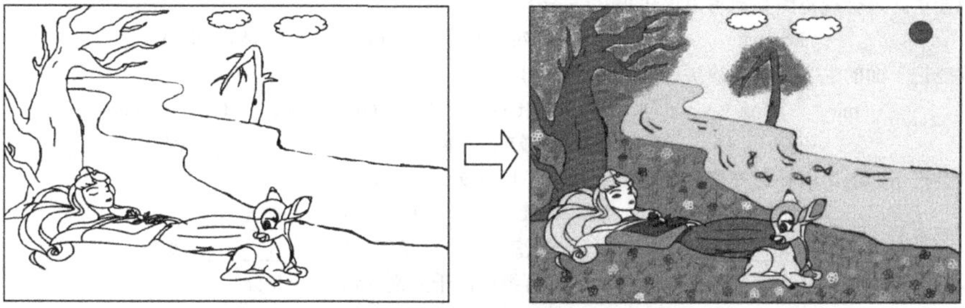

图3-26 唤醒睡美人

任务设计点评：睡美人的故事很打动人，三年级的小朋友对自己能亲手绘制这个经典童话故事感到非常激动，动手操作欲望极其强烈。学生的主体性必定是在学生有强烈解决问题动机和欲望的前提下体现的，学生一味被动地、无趣地、烦躁地完成任务，其主体性就丢失了。

2. **真实性**

建构主义的教学观强调：用真实的情境呈现问题，营造问题解决的环境，以帮助学生解决问题，将真实性知识转变为解决问题的工具，从而完成对新知识的重新构建及重装。基于真实情境的教学任务，能使学生有亲切感，有身临其境的体验，比单纯的传授知识更能激发学生的兴趣和探究问题、解决问题的潜能，同时也能更好地帮助学生树立将科学知识应用于实践的意识。

任务设计案例："Word字体格式设置"（浙教版四上2、3课学习内容）

（错误）任务设计：给一段诗词设置字体大小、字体颜色。一行大、一行小，一行红，一行绿，一行宋体、一行楷体，如图3-27所示。

题西林壁

苏轼

横看成岭侧成峰，

远近高低各不同。

不识庐山真面目，

只缘身在此山中。

图3-27 古诗字体格式设置

（正确）任务设计：给语文老师排版编辑第一单元语文测试卷，如图 3-28 所示。

四年级语文上册第一单元检测试卷

学校__________　班级__________　姓名__________　成绩__________

（满分：100 分；答卷时间：90 分钟）

我是漂亮的小蝴蝶，听说你们经过这个学期的学习，又获取了许多知识。今天就来展示展示吧，相信你们行！

第一部分：基础知识积累与运用（35 分）

一、我会拼，还会规范漂亮地写出词语来！（5 分）

báo wù　　guī lǜ　　fèng xì　　huī fù　　lóng zhào

二、我能把下面的生字和相应的拼音连起来。（5 分）

mù　jiǎng　xiá　huì　dǐng　yì　hū　mài　tán　miào

桨　穆　卉　暇　屹　鼎　脉　惚　庙　檀

三、我会把下面的词语补充完整，还能把字写漂亮！（8 分）

____崩____裂　____容____疑　____秘____测　神来____ ____

涓涓____ ____　____ ____苍苍　____姿____态　____ ____飞瀑

四、我知道要把这些字先换个部首，组成新字，再组词，千万别弄错哟。（8 分）

沸____（　）　杆____（　）　梢____（　）　栏____（　）

滔____（　）　津____（　）　蓬____（　）　你____（　）

五、我积累了许多好词好句，让我展示一下吧！（4 分）

雾锁（　　）山锁（　　），天连（　　）水连（　　）。

（　　）本无忧，因（　　）皱面。（　　）原不老，为（　　）白头。

我还能写多两句：____________________，____________________

……

……

图 3-28　试卷编排

任务设计点评：任务具备真实性的要求，贴近生活，且符合生活实际。贴近生活其实质是要解决生活世界与科学世界的关系，新课程呼唤科学世界向生活世界的回归。为此，信息技术任务的创设必须联系学生的现实生活，在学生鲜活的日常生活环境中发现、挖掘一些经常会遭遇到的问题，只有在生活化的学习情境中，学生才能切实弄明白知识的价值。给语文老师编排一张语文试卷，或给信息技术教师编辑一节课的信息技术教材，都是很贴近生活的案例，学生明白做这样的任务是很有意义的，学习积极性就会高。但任务只是贴近生活还不够，还必须符合生活实际，如唐诗的排版这个案例，案例本身来源于生活，但任务要求不符合实际，现实生活中，没有人把诗词排版成一行大、一行小，一行红、一行绿，一行宋体、一行楷体这种样子，信息技术教师不能为了技术而破坏社会规则。现实教学中，任务设计不符合生活实际的还有一类突出表现是任务不加任何要求，如设置艺术字格式，没有要求字体颜色、大小、形状等，实际生活中都是受到一定条件限制的，无条件限制的操作当然不符合真实性。

但任务的真实性是不是一定要求任务来源于现实生活？如“画图工具的使用”一课中“唤醒睡美人”的任务设计符合真实性吗？

3. 有梯度

任务设计必须紧紧围绕教学目标展开，学生的认知规律决定了总的学习任务通常需要分解成由简到繁、由易到难、循序渐进若干子任务，学生通过完成一个个有梯度的任务链，最后达成学习目标。

掌握信息技术知识和技能是一个逐步积累的过程。“任务”设计时要考虑“任务”的大小、知识点的含量、前后的联系等多方面的因素。一般说来，每个“任务”中涉及的知识点不宜过多，最好不要有两个以上的重点、难点，过多会增加学生学习的难度；“任务”的规模宜小不宜大，规模过大，会偏离“任务驱动”的本意。通过将任务的巧妙划分、层层展开，形成循序渐进的梯度，组成一个任务链，以便学生踏着任务的阶梯去建构知识。

任务设计案例：“表格数据的图形化”（高中3章3节学习内容）

本课任务链设计为：

任务一：利用“饼图”描述人类可用水在淡水资源中所占的比例。要求添加图表标题，显示百分比。

任务二：利用“柱形图”将我国人均水资源占有量和其他各国做比较，要求添加图表标题，图例显示在上方并调整图表区格式：文字和背景图案进行设置。

任务三：选择合适的图表类型来描述全国不同年份主要城市生活用水变化趋势，要求X轴坐标标题为“年份”，Y轴坐标标题为“用水量（万吨）” 并对图表进行美化。

案例点评：本课教师围绕教学目标设计了三个从简单到复杂、由易到难、循序渐进的任务，任务一仅要求学生能够依葫芦画瓢，掌握饼图的制作方法，任务二要求既掌握柱形图的画法，又掌握图表的修饰美化，任务三要求学生能够理解不同类型图表的适用范畴，能够正确进行选择，在此任务中学生对数据源的选择要结合Ctrl键。

4. 针对性

信息技术操作任务很多是综合的应用，学生在完成操作的时候，往往会涉及很多方面的操作，有些是以前学过的内容，有些是本课的新授内容，而一些操作情境的设置往往会花费学生相当多的时间，造成学生练习效率低下，对本课教学重难点知识练习时间不足。

针对性的任务设计是提高信息技术课堂教学有效性的重要手段，可以通过两种方式达成，一种是运用“半成品”加工教学方法，还有一种是以整个教学单元为单位进行整体性的教学设计。

半成品加工就是提供一个相对完整的作品，只是对教学的内容这部分“留白”，让学生在短时间内体会到信息需求的内涵和技术操作的要点。利用“半成品加工”教学法，既不破坏整体作品的真实性、丰富性，又简化了整体策划、从头制作的过程，对学生自我作品的进度差异问题和软件技术的系统性问题都进行了较好的回避，因为优化了学习情景与训练环境，从而大大提高了课堂操作练习效率[38]。

任务设计案例：“艺术字体的添加”（浙教版四上 11 课学习内容）

任务设计：完成小报艺术字体的添加，小报是教师准备好的半成品（图 3-29），学生只添加艺术字标题，此任务紧紧围绕教学重点设计。

第2版　　学习方法 - 语文

http://www.e-xxsd.com/

添加艺术字体：好方法让学习事半功倍

1. 语文：

学语文没有捷径，就是平时多看书，练习题统统去死，不用做！但是看的书一定要有知识性，最好看看有关的的书（不是作文书），然后答阅读题一定要具体，要把什么作用、表现、思想感情都写上。

2. 数学：

除了细心，就是多练习，还有就是认真听讲，如果脑子聪明就可以少用些功夫，加油！

3. 英语：

重点在于平时的积累，还有就是大小写一定要注意，记单词可以采用归类记忆，把单词表的单词分类记。至于语法，多练习做题应该没问题。

4. 政治：

要注意旁批，老师讲的要点（例如，这一段讲的是作用，这一段讲的是表现）一定要标注，千万不要认为这是副科！还有要有一套自己的思维方法。

5. 生物、历史、地理（类似于小学的自然/科学）：

上课认真听讲是不争的事实，不必做太多练习题，在这些科目上花费太多时间。最后结合图片/地图背重点，平时不会就问。

☆有一同学晚上睡到一半突然大叫“有刺客”，然后“啪”一声打死一只蚊子，又说“难逃我的夺命追魂掌”，接着又头呼呼大

添加艺术字体：笑话

☆历史课上，老师讲八国联军侵略中国时，看到一位学生走神，就问他“圆明园是谁烧的？”这位同学大吃一惊，忙答道：“不是我烧的”

添加艺术字体：怎样做命题作文

老师出作文题目，让同学们根据题目要求做作文，这就叫命题作文。命题作文是同学们进行写作训练的一种重要形式。当你在做命题作文时，不要看到题目就忙于动笔，要养成动笔之前想周全的习惯。可按以下几个步骤进行：

一、认真审题，明确题意。仔细地弄清题目的要求，重点和范围，这是做好命题作文最关键的第一步。

二、确定中心，选好材料。在弄清题目的要求，重点和范围以后，就要认真回忆与这个题目有关的材料，哪些事儿是自己最熟悉的，最有新意的、准备表达一个什么思想。确定中心，中心明确了，就要环绕中心，选择最能表达中心的材料。这就是环绕中心，选择材料。

三、列好提纲，确定详略。确定中心，选好材料以后，就得列个写作计划，先写什么，再写什么，最后写什么，得有个次序。哪些内容与中心关系密切，要详写，哪些内容与中心关系不大，可以略写，得分个主次，这就要求列好提纲，确定详略。提纲好比建造楼房的图纸。有了好的图纸，造出的楼房才能坚固美观。

以上三步做好了，你就可以按提纲进行作文了，这样写出来的作文，就可以避免选材不当、文不对题，或者结构混乱、条理不清，或头重脚轻、主次不分，甚至没有中心的毛病。

图 3-29　小报半成品

任务设计点评：这是一个非常典型的半成品任务设计案例，在这个案例中，艺术字体的添加是受到作品条件的制约的，每一个艺术字体添加时都必须考虑背景的颜色、作品给标题所留的空间，作品的题材等，学生不能随心所欲地添加、设置。

同样面对“艺术字体的添加”这样的一个学习任务，有的教师在任务的设计时会选择让学生在空白的页面上添加艺术字体，这样的任务设计脱离了操作情境：为什么要添加艺术字体？艺术字体的格式（字号、颜色等）如何设计？为什么这样设计？这样的任务设计助长了学生随心所欲的操作习惯，是必须杜绝的；也有的教师面对“艺术字体的添加”学习任务时，这样设计：规定主题，让学生先把素材准备好，可以自己输入，也可以网络下载，然后根据素材内容用艺术字体编辑一个标题。这样的任务设计虽然有了一定的操作情境，但花费了学生大量的宝贵时间去完成非今天学习的内容，课堂效率极其低下，甚至经常出现这样的现象：动作慢的学生往往任务只做了一半，任务截止时间就到了。以上两个非半成品的任务设计都是不可取的，但不能否认很多信息技术教师贪图方便，不愿花时间去准备半成品，要想真正提高学生的信息素养，教师在教学设计阶段必须花苦功夫。

5. 具体化、可检查

任务设计的直接目的是教学目标的达成，任务的完成情况是检验教学目标达成与否的主要依据，因此任务的设计要具体、可操作，还得可检查。最好不要设计“新建一个文件夹”“复制一个文件”这类泛泛的任务，这样的任务要求太过宽泛，缺乏明确性，特别是对于刚刚接触该新知识的学生，会觉得无从下手，不知道具体到什么地步才算是完成了，也无法评判自己有无掌握该知识，无目标性很自然会导致学生对于该任务的积极性不高，这样就不利于教学目标的达成。如果将上述任务设计为：“在你的D盘新建一个名为‘二十中小’的文件夹”“复制网上邻居\教师机\初二\信息技术.doc 这个文件到你的 D 盘中”，在这样明确的要求下，一方面学生完成任务态度积极，另一方面也非常方便教师检查。

此外，偷懒贪玩是每个孩子的天性，在信息技术任务完成阶段，这种行为表现地尤为明显。为了有效防止学生只关注上网、游戏而随意应付课堂练习，任务设计要精确到位。

任务案例：“网上信息的浏览与搜索”（浙教版四下第 4 课，七上第 3 课学习内容）

（错误）任务设计：小明去美国旅游，请帮他搜索有关注意事项等信息。

（正确）任务设计：

1. 小明晚上9点上海飞旧金山，到达旧金山当地（　　）点。

2. 小明携带了苹果的手机、手提电脑，（A. 需要　B. 不需要）携带转换插座。

3. 小明需要携带

A. 拖鞋　B. 牙刷　C. 牙膏　D. 梳子　E. 毛巾　F. 保温杯

4. 小明从机场打的到宾馆，车费40美元，一般还需支付（　　）小费

5. 在美国横穿马路可能面临（　　）美元罚款

A. 5　B. 10　C. 20　D. 100

6. 到美国10天除信用卡外，小明带（　　）美元现金比较合适

A. 10　B. 100　C. 1000　D. 10000

任务设计点评：这是一个非常典型的任务设计案例，很多中小学信息技术教师在布置任务时都会犯这样的错误：任务出得相当含糊，就像错误案例中的任务设计一样，学生接到这样的任务，他们中多数人会把“美国旅游注意事项”输入到搜索引擎的对话框中单击检索，也有少数同学会把一整句话复制对话框中单击检索，在弹出的检索结果里随便挑选一个网页递交任务，完成任务时间1～2分钟，剩下时间抓紧淘宝、玩游戏等。显然这样的任务设计是失败的，如果教师把任务改成上面的6道选择题形式，那学生就得认真思考：需要几次检索才能成功？先检索什么信息？再检索什么信息？在选择关键词时，选择什么样的关键词才是最合适的？检索到页面后如何快速筛选出需要的信息？采用6道选择题形式的任务设计真正把三维教学目标落到实处，而且该任务设计除了具体化外，问题设置得非常真实、有趣，学生也喜欢去探究。

6. 关注全体学生

在信息技术课堂的完成任务阶段，这种情况经常出现：操作水平较弱的学生完成得很慢，而熟练的同学早已完成，无所事事了。因此教师在设计任务时既要考虑到学生的差异，还要考虑知识的特点和难易程度，任务要体现分层教学、因材施教的原则。

学生的个体差异是所有学校和课堂普遍存在的现象。对于信息技术课堂来说，除了来自社会、家庭、文化背景、性别、学习方式与能力等方面的差异外，还有本学科特有的起点水平差异。解决这些差异就要求教师首先应承认学生发展的差异性，事先了解整个班级学生在知识和技能上掌握的大致情况，兼顾到学生个体发展的差异性，根据具体情况设计出具体的、不同层次的、开放的多元化学习任务，还要在课堂组织与引导中特别重视，让每个学生体验学习的成功，让每个学生有不同的纵向发展。

倡导“差异”、鼓励个性化发展是中小学信息技术新课标的重要理念，在学习新知识过程中，教师要善于为那些低水平的学生创造一个不易失败的情境，把适

合的问题和机会留给他们，同时给高水平的学生提供具体挑战性的问题和活动，鼓励每个学生积极参与学习。

任务设计案例 1："自定义动画设置"（浙教版五下第 5 课学习内容，表 3-4）

表 3-4 《动感贺卡》自定义动画任务设计

检查项目	其他的设计亮点
1．使用进入效果让蹦床和运动员妮妮先后出场	
2．使用强调效果的"陀螺旋"让妮妮先表演翻跟头	
3．使用自定义路径效果让妮妮进行精彩的蹦床表演	
* 不用单击就让妮妮把整套动作做完整	
** 蹦床时能否上升的时候速度慢，而下降时速度快	
*** 只添加一个强调效果就让妮妮连续翻 4 个跟头	

任务设计点评：本课把任务设计成 3 个必须完成的基本任务和 3 个星级任务，以及其他设计亮点，基本任务是要求每位学生都要完成的，是该堂课的教学重点。3 个难度逐级递增的星级任务留给学有余力的同学做，这些星级任务中隐含了该堂课中的部分教学目标，有些小知识点是教师特地在课堂中故意"留白"的，能否顺利完成还取决于学生知识技能的灵活应用和迁移能力。除了教师提示大家帮助妮妮设计的动作外，学生还可以设计出更加富有创意的动作，写在"其他的设计亮点"一栏，这个更为高级的任务完成程度取决于学生的创新能力和迁移能力。一个个任务的难度是层层递进的，这样的任务设计充分体现了层次性，学生可以根据自己的能力，在完成基本任务后尝试着完成更高级别的星级任务甚至开放任务，真正实现了让孩子能跑得更快，能飞得更高。但是在设计具有层次性的任务时也应合理掌握好难易程度。

任务设计案例 2："表格数据的图形化"（高中 3 章 3 节学习内容）

基本任务设计：选择合适的图表类型来描述全国不同年份主要城市生活用水变化趋势，要求 X 轴坐标标题为"年份"，Y 轴坐标标题为"用水量（万吨）"，并对图表进行美化。

拓展任务设计：建立 $y=2x^2+8$ 的函数图像。

任务设计点评：进入高中阶段，学生间的信息技术素养和操作水平差距非常大，上面任务也把任务设计成了基本任务和拓展任务，拓展任务的难度较大，非常适合留给优秀的学生去探究。

任务设计案例 3："初识 Scratch 编程"（浙教版六下第 6 课学习内容）

任务设计：____________的小猫

提示：横线上可以填任意的修饰词，如向上移动的、旋转的等，创意不限。

要求：（1）不少于 3 个控件命令的搭建。

（2）使用至少 2 个颜色的模块。

（3）主题自定，做好以后保存下来，并上传至 FTP。

任务设计点评：这是一个开放的任务设计，在任务中教师没有硬性规定小猫的动作，学生可以根据自己的喜好及自己的能力水平来完成该任务，能力一般的，可以模仿老师的操作，编程实现向右前进 20 步的小猫，知识迁移能力强的，可以编程实现向上翻转的小猫，在任务设计时充分体现了关注全体学生的新课程理念。

7. 要体现合作学习等新课程理念

信息技术课堂中，学生会因为认知水平、学习方法以及家庭因素等差异，在知识和技能的掌握上无法保持一致。基础较差、掌握水平较低的学生会因种种原因逐渐落后于其他学生，在解决任务的过程中，这部分学生更是束手无策，这也导致了他们安于“差生”心态的形成。

新课程标准所倡导的是自主、合作、探究的学习方式，使学生的信息素养在主动学习信息的过程中得到发展，因此信息技术任务设计时也应尽可能地体现这一课程理念。学生通过互相协作的方式来完成任务，不仅有利于促进各种认知能力的发展，还有利于学生学会与他人一起工作的方法和态度，培育团队精神与健康的情感意识与价值观。

任务设计案例 1：“电子邮件的收发”（浙教版八上第 5 课学习内容，表 3-5）

表 3-5　电子邮件收发任务设计

分组	随机编组、4 人一组
竞赛任务	1. 成员各自申请电子邮箱； 2. 成员 A 将自己的信息填入教师事先提供的通讯录中，并以附件形式将此通讯录发送给 B； 3. B 收到此邮件，填入信息，转发给 C； 4. C 收到此邮件，填入信息，转发给 D； 5. D 将完全填好的通讯录转发给教师。

任务点评：该任务将四个人分成一小组，最后任务的递交是以小组为单位，并且是在 4 个人都完成任务的前提下才能执行此操作。在这种情况下，任务完成的速度取决于组内每一位成员，如果组内存在操作技能较弱的组员，其他组员会因为集体利益对他伸出援助之手，以便小组的任务能够更快、更顺利地完成。这是一个典型的协作性任务的案例，不仅能让学生在最短的时间内掌握知识，还能培养学生的团结协作意识和沟通能力，同时通过小组成员间电子邮件的快速传递还能让学生更深刻地感受到电子邮件的方便与快捷，加深对其特点的理解。

任务设计案例 2："Word 小报编辑"（浙教版四下第 15 课学习内容，表 3-6）

表 3-6 Word 小报编辑任务设计

分组	指定分组、4 人一组
竞赛任务	1. 4 成员共同完成一份 Word 小报； 2. 成员 A 负责文本收集与编辑； 3. 成员 B 负责图片收集与编辑； 4. 成员 C 标题的编写与美化； 5. 成员 D 负责排版。

任务点评：该任务也是采用小组竞赛的形式，与上面案例不同的是该任务采用切块分割法，把任务分成四块，让四个不同的学生协作完成，这也是一个典型的协作型任务的案例，在合作学习的整个过程中，小组成员人人尽责，积极协助，想方设法地完善本组任务解决方案，并可能出乎教师意料地发现多种优秀解决方案，学生的创新能力和解决问题能力也得到了很好的培养。

任务设计案例 3：旅游计划书（浙教版六上第 9 课学习内容，表 3-7）

表 3-7 "旅游计划书"设计

分组	随机分组、3～6 人一组
任务要求	要求小组合作商讨，完成到苏州两日游的旅游计划，规定以下要求。 1. 第一天上午 7 点从杭州出发。 2. 第二天下午 8 点回到杭州。 3. 每天的景点和路线安排要明确，每个景点停留多少时间、看什么、景点间采用何种交通工具要说明。 4. 每天在哪里、何时吃饭，住在哪里要具体。 5. 去苏州需要带什么生活必需品要具体。 6. 整个旅游需要多少钱，要具体列出开支清单。 7. 任务完成后作品以旅游地图的形式（配备必要的说明，景点介绍以链接的形式）上交，其中的要求是景点间的距离要基本符合相对距离，需要标出吃饭、住所的地点，公交线路等细节。

教师指导学生分解任务，这个过程可以由学生分析任务后进行自主分解，为了任务分解的合理性，教师也可以给予适当粗略的指导或建议，最后组长可将上述任务分解到个人，如表 3-8 所示。

表 3-8 旅游计划书任务分解

人员	任务
组员 A	搜索苏州的著名景点，景点间的距离和公交线路
组员 B	搜索吃和住的地方，及其附近交通情况
组员 C	搜索苏州的天气情况、并根据天气情况选择生活必需品
组员 D	搜索并统计景点门票、吃住费用、交通费用等开支情况
组员 E	作品设计及书写文字说明材料等

任务点评：该任务也属于切块分割法合作完成，与上面任务不同的是：该任务的分解不是老师简单指定，而是需要对教师的任务分析后，然后分解成不同的子任务，分配给组间同学完成。

3.3.3　中小学信息技术任务单的制作

教师布置的任务是要让学生完成的，这就要求任务必须明确，任务的表述要准确。课堂布置任务的时候教师必须明确地告诉学生：在规定的时间内需要完成哪些操作。只有给学生提出了明确的任务，学生才会明白在接下来的时间该完成什么工作，且该如何合理分配时间，如果是小组合作任务，还将涉及组内如何分工等；教师布置的任务不明确，学生会觉得茫然，不知该如何下手，而教师又会对学生的课堂表现不满意，如此形成恶性循环。而任务的布置不仅要包括学生完成当堂课相关知识点的操作，还应包括完成该任务所分配的时间，最后作品的提交或者展示方式等。任务单的规范制作是目前中小学信息技术课堂教学中教师需要下工夫的地方。

总而言之，信息技术的任务下达必须通过任务单的形式呈现，一份规范的任务单应包括以下内容：①任务内容；②任务的具体要求；③完成该任务所分配的时间；④最后作品的提交或者展示方式等。

任务单设计案例 1："网络交流"（浙教版八上第 5 课学习内容，表 3-9、表 3-10）

表 3-9　任务一：电子邮件的收发

任务内容	请你以一名银行工作人员的名义，以 163 邮箱为平台，给曾小贤发送一份电子信用卡账单
任务要求	主题： 性别-学号姓名　电子信用卡账单 收件人邮箱： Zengxiaoxian1979@sohu.com 内容： 尊敬的曾小贤先生： 截至 9 月 02 日 10 点，您本月费用总额为 5750 元，实际消费 5750 元，扣除本月费用后您的账户实际余额 18500 元。 完成任务时间： 3 分钟

表 3-10　任务二：体验在线交流

任务内容	周围四人为一小组，以 QQ 为平台，建立讨论组进行对话，并将聊天记录复制到下面的答题框内
任务要求	人物角色扮演： "子乔""关谷""警员 A""警员 B" 讨论主题： 根据"隐形眼镜　雨伞　外增高鞋"这三个关键词语进行讨论，联想出绑匪可能具有的特征、绑匪与曾小贤可能处在的地点、绑匪与曾小贤可能发生的事。

续表

任务要求	说明： 为了剧情的可行性，可以自行增加关键词，如“风衣”“墨镜”等。 完成任务时间：10 分钟
答题框	聊天记录插入区域

任务单设计案例 2：“用 Excel 公式统计数据”
（浙教版七上第 14 课学习内容，图 3–30）

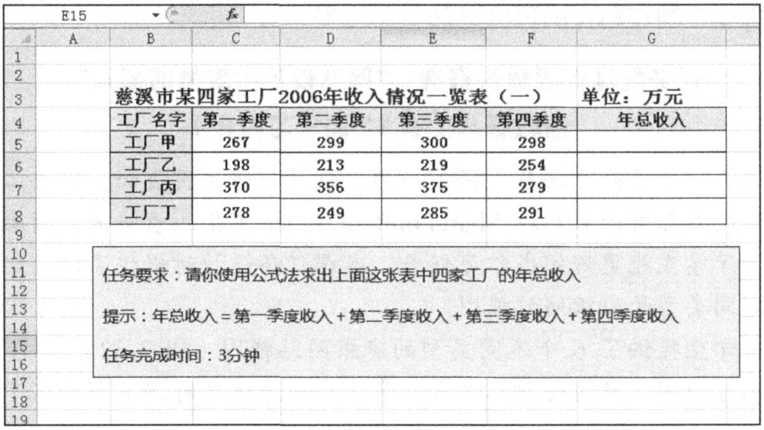

工厂名字	第一季度	第二季度	第三季度	第四季度	年总收入
工厂甲	267	299	300	298	
工厂乙	198	213	219	254	
工厂丙	370	356	375	279	
工厂丁	278	249	285	291	

图 3-30　“用 Excel 公式统计数据”任务单

任务单设计案例 3：“尝试画图工具”
（浙教版三上第 6 课学习内容，图 3–31）

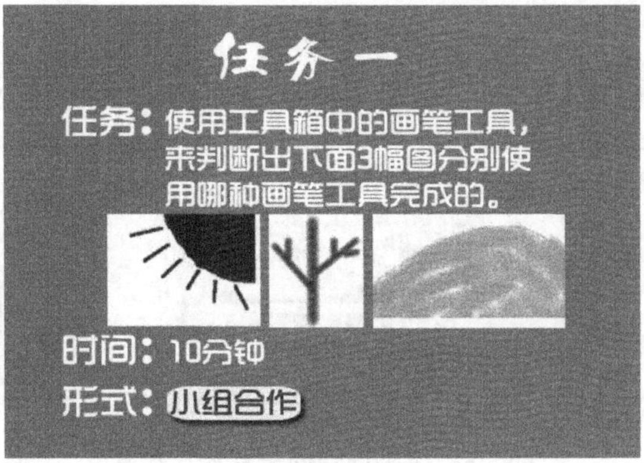

图 3-31　“尝试画图工具”任务单

3.3.4　中小学信息技术任务配套资源的提供

有了时间和空间，并不是每位学生都可以创作出好作品，好的创意不是天生就有的，需要一点点培养。创新从模仿开始，所以，除了时间和空间，还要为学生提供典型的范例和丰富的样例，开拓学生的思路，打开学生的创意之门。同时，为了让学生在有限的时间内高质量地完成实践内容，还需要提供大量的素材，这些都需要信息技术教师在教学设计阶段设计并准备好。教师挑选的范例要典型，样例要丰富多彩，如设计类型的任务 “制作个人名片”实践内容时，一定要有典型的名片范例，还要有丰富的创意独特、应用各种技术的样例，以及大量的名片背景、线条、边框、图标等图片素材；又如“制作班级网站”实践内容时，必须给学生提供多个制作精良的班级网站供学生参考。

任务配套资源提供案例：“网站设计中表格的插入”

（浙教版八上第 12 课学习内容）

这节课共设计了两个任务，任务一为：设计班级主页页面，任务二为：按照任务一设计的主页页面布局在 SharePoint designer 中插入表格并且对表格进行拆分操作。为了学生能更好完成学习任务，本课任务设计时提供了以下配套资源。

（1）不同类型的班级网站截图。

教师给学生提供了 6 个不同类型的班级网站截图（图 3-32），供学生在完成任务一时参考使用，有这些网站参考，学生在网站设计时就不会无从下手。

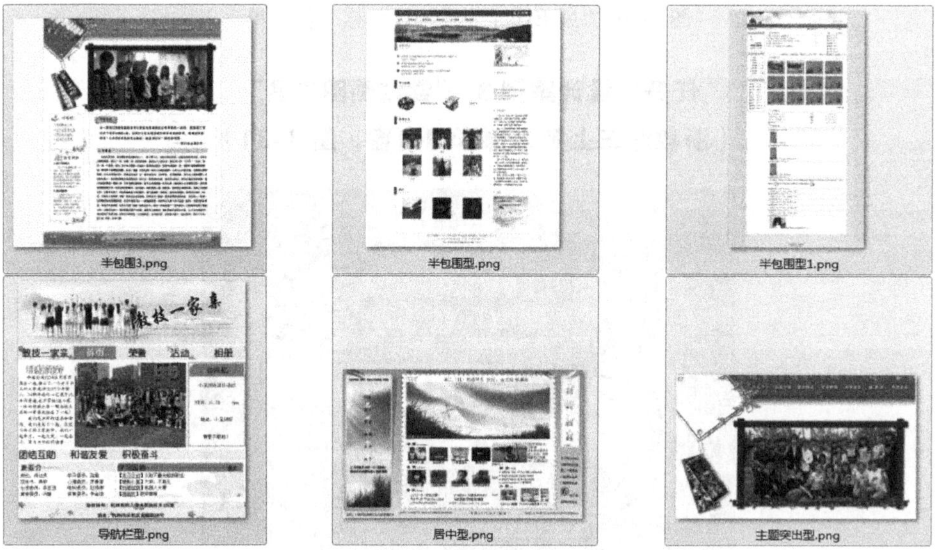

图 3-32 “尝试画图工具”任务单

（2）操作范例。

为了让学生更好地完成任务二，教师还给学生提供了一个操作案例（图 3-33），案例形象直观，数据精确，学生通过该案例可以快速判断设计自己的作品，文本、图片该选择的大致像素值。

图 3-33 操作案例

（3）班级网站内容素材。

任务二最后一步是往表格填充文本和图片，因此老师还提供了学生自己班级的相关的文本和图片（图 3-34）。这些素材的提供有效避免了巧妇难为无米之炊的尴尬。

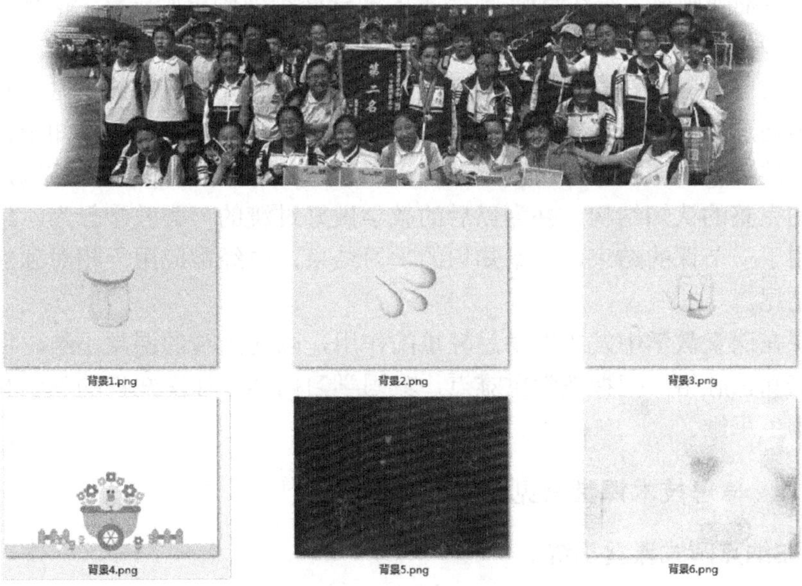

图 3-34 网站设计操作部分素材

（4）帮助文档。

为了帮助学生更好地完成任务，教师还给学生下发了帮助文档（图 3-35），在帮助文档中有清晰的任务操作步骤，学生遇到问题时，先阅读帮助文档，解决不了再举手问教师。

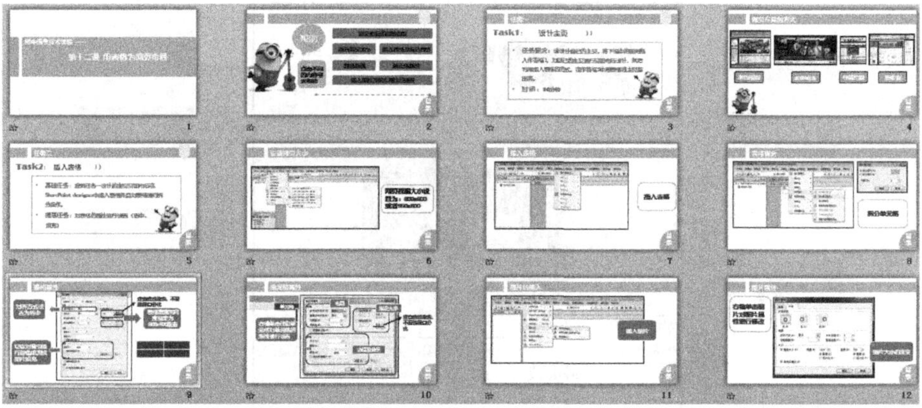

图 3-35　网站设计操作帮助文档

3.4　信息技术结课技能

一堂好课，不仅应当有良好的开端，还应该有耐人寻味的结尾。“编筐编篓，重在收口；描龙画凤，难在点睛。”完美的教学必须做到善始善终，信息技术的结课技能与导入技能一样，是衡量教师教学艺术水平的重要标志之一。

结课技能是教师在一个教学内容结束或一节课的教学任务终了时，有目的、有计划地通过归纳总结、重复强调、实践等活动使学生对所学的新知识、新技能进行及时的巩固、概括、运用，把新知识、新技能纳入原有的认知结构，使学生形成新的完整的认知结构，并为以后的教学做好过渡的一类教学行为。结课技能不仅应用于一节课的结束，一章知识的学习结束，也经常应用于相对独立的教学阶段的结尾。

结课在课堂教学中发挥着举足轻重的作用，画龙点睛的课堂小结，可以帮助学生理清知识脉络，把握教学重难点，巩固学习内容，加深知识的理解和记忆，并激活学生思维。

3.4.1　信息技术课堂常见结课形式

1. 归纳点睛式课堂小结

这种结课方式是多数教师经常采用的一种方式，在每节课结束时，教师或教师引导学生用准确简练的语言对本节课的教学重难点和关键问题或重要操作步骤加以概括、归纳和总结。这种形式的课堂小结，教师一般都是通过提问以下一些问题进行的，本堂课我们学习了什么新的内容？有什么收获？操作要点是什么？有哪些操作步骤？等等（表3-11）。

表3-11 归纳点睛式课堂小结案例：浙教版三上第1课《初识计算机》

环节四：课堂评价，总结巩固（5分钟）		
教师活动	学生活动	设计意图
【关机】 时间过得真快，马上就要下课了，计算机也累了，让我们一起来关闭计算机吧，看老师如何来操作的。 单击“开始按钮”在出现的菜单中单击“关闭计算机”。	观察老师的操作，并正确关闭计算机。	
【提问】 这节课你们学得快乐吗？最感兴趣的是什么？你们还想学什么？	小组交流、回顾知识点。	通过提问的方式，引导学生回顾整个教学过程。
【总结与评价】 总结开机、关机的顺序，以及鼠标的基本操作要点。	学生认真听，巩固新知识。	进一步落实操作技能，指导学生要养成良好的学习习惯与学习品质。

2. 评比交流式课堂小结

在信息技术学科，知识的巩固和转化、迁移和应用这两个阶段通常是通过任务探究的方式进行的，教师可以通过设置一定的作品设计作业和项目任务来引发学生的特定行为，并在课堂的最后几分钟的小结阶段，通过对作品和任务的完成情况的评比活动，理清本堂课的操作要点。这种课堂小结方式也是信息技术课堂常用的小结方式之一（表3-12）。

表3-12 评比交流式课堂小结案例：浙教版五上第7课《展示真我风采》

环节五：互动评比，作品总结（6分钟）		
教师活动	学生活动	设计意图
【作品展示及评析】刚才老师看到了一些组的作品，发现他们做得可真漂亮！现在我们一起来欣赏一下参赛选手的作品吧！	说说喜欢谁的海报呢？为什么喜欢，还有什么建议吗？	锻炼了学生交流表达能力，使学生养成肯定自我，欣赏别人的好习惯。
【总结】 同学们，今天大家任务完成得都很出色，老师相信，未来的金牌海报设计师肯定会在你们当中产生。		鼓励学生，肯定学生的优点，拉近师生的距离。

3. 扩展延伸式课堂小结

教学实践证明：很多学生在课内接受教师传授的知识不会出现太大的困难，但独立运用知识解决千变万化的实际问题时却感到无从下手。这要求教师在课堂即将结束之时，把所讲解的内容进行恰当的扩展和延伸，启发学生进一步展开思考，以拓宽学生的认知视野，培养学生的探究能力（表 3-13）。

表 3-13　扩展延伸式课堂小结案例：苏教版选修教材第五课《画星星》

环节五：拓展延伸，课堂小结（3 分钟）		
教师活动	学生活动	设计意图
今天同学们学得都很棒，收获还真不小，小海龟呀也非常的开心，因为它在同学们的帮助下能画五角星、七角星、十五角星了……不过，大科学家爱因斯坦曾经说过，“提出一个问题比解决一个问题更重要”，今天，同学们还想让小海龟帮我们画几角星呢？对了，能不能画正六角星、正八角星呢？看来我们还要多学学、多了解这方面的数学知识才行	思考并回答能不能画正六角星、正八角星	启发学生善于发现问题，敢于积极探索，为学生的独特思维创造更广阔的自由空间，使学生思考 LOGO 程序画图与数学知识间的密切联系

4. 悬念式课堂小结

在课堂即将结束之时，教师还可以结合下一节课或下几节课的教学内容，提出一些富有启发性、趣味性的问题，留给学生去思考探究，从而激发学生的求知欲望，调动学生的学习积极性。

信息技术悬念式课堂小结，教师最后提出的问题通常是学生在完成任务环节中出现的超越本节课内容、且与后面学习有关的某些问题。教师提出这些问题却戛然而止，颇有“欲知详情，且听下回分解”的意境。而学生带着教师给的悬疑，对后面的学习内容有了期盼，也就为后面教学内容的顺利进行奠定了情感基础（表 3-14）。

表 3-14　悬念式课堂小结案例：浙教版四上第 10 课《斟字酌句理文本》

环节五：回顾总结，铺设悬念（4 分钟）		
教师活动	学生活动	设计意图
【总结】今天我们当了一回文字小编辑，大家来谈一谈：文字编辑需要会做什么工作？	总结文字设置的几个操作：大小、颜色、字体、形状	引导学生归纳本课学习的重点，回顾学习的收获
【设置悬念，学习铺垫】刚才我们给童谣设置字体格式的时候，大家发现没有，童谣有配画，外边还有边框，配画里的图片是如何放进来的？边框又是怎么做的？我们还有这么多的问题需要解决，想知道答案吗？我们在后面的几节课中会陆续揭晓答案，敬请期待，同样也期待你的积极参与和奇思妙想	思考教师的问题	结合下几节课的教学内容，提出一些富有启发性、趣味性的问题，留给学生思考，从而激发学生的求知欲望

3.4.2　信息技术课堂结课的一般要求

1. 简明扼要

信息技术课堂结束时，教师要紧扣教学目标，用少而精的语言简明概要地梳理知识、总结要点，将所学新知识及时纳入学生已有的认知结构中。在时间上要严格控制，不可拖堂，学生最反感老师上课拖堂延时，教师也应该避免这种违反课堂教学常规的做法。总之，信息技术结课和其他课程结课一样忌讳教师东拉西扯、没完没了、拖泥带水，教师应以精练的语言在最后几分钟时间内画龙点睛，一语破的，让学生对课堂所学知识有一个清晰完整、主题鲜明的认识。

2. **形式多样**

信息技术课堂导入方式要求形式多样，富于变化，同样结课方式也要求多样有变化。目前课堂小结的形式普遍比较单一，主要集中于传统的教师小结型和学生自主归纳型，提问也非常程序化，总是问这样的问题：本节课学了什么？你还有什么问题？千篇一律的问题，学生根本提不起兴趣。教师要根据不同的课型、不同的学情设计不同的结课方式，或总结归纳、或评比交流、或拓展延伸、或设置悬念，恰到好处、形式多样的课堂小结能有效激发学生的学习动机，维持学生对信息技术的学习兴趣，从而提高学生的信息素养。

3. **首尾呼应**

最后的课堂小结要和课堂初始的导课内容做到首尾呼应，结课通常是对导课设疑的总结性问答，或是导课思想内容的进一步延续和升华。如果导课环节设置了问题情境，而在讲课和结课中又置之不理或另搞一套，则会使学生思路紊乱，难以形成清晰的知识网络结构。只有前后一致，主线清晰，才是一节完美的课。

3.5 中小学信息技术说课技能

随着教师招聘考试的盛行和教研活动的普及，说课已成为考核教师教学能力的重要手段与方式。如何正确认识并掌握说课这种具有创新意义的教学研究活动方式，是目前教师职业技能训练的一项非常重要的内容。

3.5.1 说课的含义和特点

1. **说课的概念**

说课是教师在总结自己教学实践经验的基础上，从教学理论的高度，依照教学大纲要求，结合教学内容、学生基本状况和现有教学条件等实际情况，对自己的备课思路、课堂教学设计进行系统阐述。说课不同于一般意义上的备课，更有别于上课（表3-15）。

表 3-15　说课和备课、上课的区别

备课	说课	上课
备课是教师在吃透教材、掌握教学大纲的基础上精心写出教案	说课主要是回答为什么这样备课。是教师与同行互相交流学习的教学活动	上课是对教学方案的课堂实施，是课堂上师生之间教与学的双边活动

2. 说课的特点

（1）短时高效、易操作。说课一般时间较短，10～15 分钟即可完成，但内容却十分丰富。且说课不受时间、空间、人数、教学设备等条件的制约，可随时随地进行，又不牵涉到学生，简便易行。

（2）重分析、重理论。说课是一个摆过程、讲道理的活动，虽然教学设计时教师对教学内容和教学过程做了一些分析和处理，但这些分析和处理是浅显和感性的。而说课要求教师从理性上说清教学重难点突破、教学环节设计的科学性和合理性，这就要求教师对学情、对教材的分析要狠下工夫，并站在一定的理论高度去阐述为什么教这些、为什么这样教。没有深入的分析，没有扎实的教学理论支撑，说课就没有分量，没有力度，很可能就沦落为读教案的过程。总之，说课的过程是教师对教学理论再学习并用于指导新的教学实践的过程，是教师将自己的教学经验条理化并升华到理性认识的过程。

（3）明显的演讲性。说课是教师个人面对同行、专家领导发表自己的施教演说，基本上全靠教师的口头语言表达来完成，中间缺乏类似真实课堂里的提问这样的互动环节，因此说课具有明显的演讲性。也正是由于说课看不到教师临场发挥、处理和随机应变的教学机制，看不到学生掌握知识形成能力的实际效果，因此说课作为评价教师教学技能的方式，也是有局限性的。

3.5.2　中小学信息技术说课的内容与流程

说课简单地讲是教师对教学设计进行系统的阐述，因此教学设计是说课的流程和内容的基础，根据面向教学需要的教学设计模型（图 3-36），说课的内容和流程如下。

1. 说教学内容（教材分析）

说课伊始，教师首先要说明自己对教材的理解，说清本课内容在本学科教学中所处的地位以及作用，教师对教材的理解越深刻和透彻，教学方案才能制订得越科学和完美。这部分说课具体可以从以下三个方面进行分析。

（1）在教材中所处的位置和作用。主要简述该内容与前面所学内容、后续学习内容有怎样的关系。在教学过程中，每一课在学科的知识体系中的地位及其作用是不同的，有些课时内容很重要，是教材的关键内容，起着承上启下的作用。

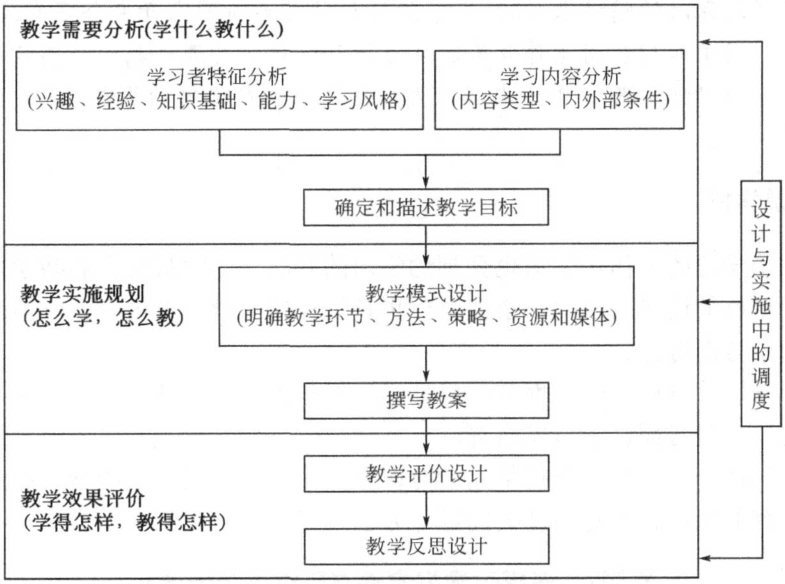

图 3-36　面向需要的教学设计模型

（2）教学内容和特点。简述主要教学知识点和课型，是理论课、操作课、体验课等课型里的哪一种课型。

（3）对学生能力提升的帮助。发展他们哪些方面的能力，对他们以后的生活或学习产生怎样的影响等。

案例一:《网络交流》教学内容分析

《网络交流》是浙江教育出版社八年级上第五课的内容，也是第二单元的第一课。在学习该课之前，同学们已经学习了因特网的基本知识与历史，而该课是第二单元网络与生活的第一课，在之后还需要深入体验网络与生活的融合，所以该课起着承上启下的作用。

《网络交流》通过让学生体验电子邮件的收发、利用在线即时交流工具进行交流、使用微博这几种常见的网络交流方式，对网络与生活有一个初步的感受，是一节以体验为主的课程。

案例二:《数字化图像的简单合成》教学内容分析

本教材是选自苏教版高中信息技术必修一§5.1“图像信息的采集加工”的最后一节内容。本节主要介绍如何运用 Photoshop 开展图像合成，并对合成图像修饰美化。在教材中，该节内容仅有两页，但却包含了图像的简单合成、合成图像的修饰以及一个新的概念——“图层”，其知识内容具有很强的可拓展性。

而根据新课改的精神来分析，本节的目标就是要对图像开展合理有效的加工，并在现实应用中能对应用操作开展客观分析和评价。其课型属于“实验操作课”，同时也是一节“新授课”。由于本节只开展图像合成及修饰的基本操作，故课时为“1 课时”。

2. 说学情

学生是学习的主体，学情也会制约学习的开展，学情最终会和教学内容一起影响教学目标的达成。因此，学情分析也是说课的一项重要内容。学情分析可以从以下两个方面进行。

（1）一般性分析。一般性分析包括学生的年龄特点、认知特点、学习兴趣、学习态度、学习习惯、学习风格等。

（2）具体分析。具体分析是指针对课堂具体内容，对学生的学习起点、学生学习该内容的优势、容易出现的问题等方面进行分析。

案例:《多媒体数据文件与压缩》学情分析

本课的授课对象是高一年级的学生，该阶段的学生思维具有更高的概括性，理论思维开始形成，逻辑思维成熟。对信息技术的学习热情较高，但受社会和家庭等多方面因素的影响，信息技术水平参差不齐。在知识准备方面：学生在此前已经有了一定的文件类型和多媒体的基本知识，因此对于第一部分文件的类型的理解应该不存在大的问题，对于压缩概念中的冗余和失真的概念，有些学生第一次接触，理解可能有些困难，可以通过简单、直接的例子帮助其理解。

3. 确定三维教学目标和教学重难点

分析了学情和教学内容这两个关键变量后，接下来就可以确定教学目标和教学重难点了。教学目标是教学设计的出发点和归宿，根据新课程标准的要求，教学目标应力图体现“知识与技能”“过程与方法”“情感态度和价值观”三维课程目标。

从某种意义上讲，教学过程也是强调重点和突破难点的过程。因此，确定重难点也是说课活动必须阐述的一个内容，教学重难点通常会在三维教学目标中提取。教学重点是指有共性、有重要价值（包括认知价值、迁移价值）的内容如核心概念、核心技能等。教学难点是学生难于理解和掌握的内容。学习难点是如何形成的呢？一般说来，主要有以下几个方面：①学生没有知识基础或者知识基础很薄弱；②学生原有的经验是错误的；③内容学习需要转换思维视角（如从宏观到微观）；④内容抽象、过程复杂、综合性强。具有上述一个或多个特点的内容，都可能成为教学的难点[39]。

案例:《因特网上信息的浏览与获取》三维目标和教学重难点

基于以上对教学内容及学生者特征的分析，结合高中信息技术新课程标准中的相关要求，我制订了如下三维教学目标。

①知识与技能目标：知道访问和浏览网站的方法；掌握保存网页及其图片的方法；掌握收藏夹的使用。②过程与方法目标：能够通过网络准确、快速地获取有用的信息。③情感态度与价值观目标：体验因特网信息的丰富性和多样性，进一步提高信息素养。

从教材和学生两方面来看，我将掌握保存网页及其图片的方法确定为本节课的重点，而由于网络是一个包罗万象、错综复杂的庞大信息网，因而把能够通过网络准确、快速地获取有用的信息作为本节课的难点。

与学情分析和教学内容分析相比，教学目标和重难点的说课普遍存在说的不全、不规范、错误多等现象。目前信息技术教师说课中教学目标最常见的错误有两种。

（1）教学目标主体错位。错例：通过完成数据图表作品的学习活动，培养学生正确评价、选择、运用信息的能力。行为主体是教师而不是学生。这样表述意味着只要教师组织学习者进行相关活动，目标就能达成。

（2）过程与方法目标混同于知识技能目标。错例：过程与方法目标：能在幻灯片中插入自选图形；学会调整幻灯片在演示文稿中的顺序。这是直接把知识技能目标当成过程与方法目标来书写，信息技术过程与方法目标落脚于：让学生通过探究知识的过程，学会发现问题、思考问题、解决问题的方法，学会学习，形成创新精神和实践能力等。因此，信息技术的过程与方法目标更多体现在运用、分析、综合、评价等层面，目标表述动词多用：选择、运用、确定、归纳、创作等。上题正确表述为：过程与方法目标：①能根据具体动画类型，选择恰当的自定义动画设置方案。②能熟练地运用自定义动画功能，创作动画作品。

4. 说教学方法和手段

教学方法和手段分析这一部分内容说课，首先要说选用什么样的教学方法和采取什么样的教学手段，然后说采用这些教学方法和手段的理论依据是什么，具体可以从教学目标、学情、教学内容、学校条件等多个方面论述。论述时须特别注意：无论选择何种教学方法和手段，在实际运用中都必须贯彻启发式教学思想，另外还必须充分关注学生的参与性。

案例一:《乐曲变化多样》教学方法和手段

本节课，我将采用支架式教学策略，在教法上我将任务驱动法、情境教学法相结合。

情境教学法就是通过给学生展示鲜明具体的形象，不仅能使学生从形象的感知达到抽象的理性的顿悟，还能激发学生的学习兴趣。本节课采用五年级学生非常喜欢的“爸爸去哪儿”节目进行导入，通过跟随节目组来到第二季的拍摄地，引起学生的学习兴趣和学习动力。并且本课的三个任务的设置沿用导入新课的情境，让学生在特定的感兴趣的情境中完成一系列的任务。

我还采用了任务驱动教学法,该教学法是建立在建构主义学习理论基础上的。建构主义教学设计原理强调：学生的学习活动必须与大的任务或问题相结合，让学生在真实的教学情境中带着任务学习，以探索问题的解决方法来驱动和维持学习者学习的兴趣和动机。在本次课中我设计了三个任务，让学生通过分析问题，完成任务，从而形成自己的思维和学习方法。而在学法上，我积极倡导学生进行自主、合作、探究学习，从而内化新知，共同进步。

案例二:《函数的妙用》教学方法和手段

为了体现“以学生为主体，教师为主导”的教学原则，把培养学生的信息素养和信息处理能力作为教学的根本目标，同时结合信息技术课程标准指出的，学生应学会与他人协作或独立解决与课程相关的问题，完成各种任务的目标，我主要采用了任务驱动教学法，并辅以演示法。任务驱动教学法是一种建立在建构主义学习理论基础上的教学方法。建构主义教学设计原理强调：学生的学习活动必须与大的任务或问题相结合，让学生在真实的教学情境中带着任务学习，以探索问题的解决方法来驱动和维持学习者学习的兴趣和动机。在本次课中我通过任务布置，让学生通过自行分析、协作讨论等形式完成任务，获取习得能力。

现代教学方法可以分成两大类：一类是基本教学，方法有讲授法、讨论法、演示法、实验法、参观法、练习法、阅读法、实习法等；另一类是综合教学方法，是由基本教学法有机结合起来，组成一个整体的教学方法，综合教学法的出现是教学法发展史上的一个飞跃。信息技术学科常用的综合教学法有任务驱动教学法、范例教学法、情境教学法、游戏教学法、发现教学法、PBL 教学法等。

教学手段一般分为三类：第一类是直观教学手段，如一些能为学生提供丰富的感性认识的实物、标本、模型等。第二类是电化教学手段，如能深化学生认知过程的录像、录音、投影等。第三类是现代信息技术手段，如能提高课堂教学效率的课件、虚拟仿真平台、网络课程等。

5. 说教学组织和流程

介绍教学过程设计，这是说课的重点部分。因为只有通过这一过程的分析才能看到说课者独具匠心的教学安排，也只有通过对教学过程设计的阐述，才能看到教学安排是否合理、科学和艺术。教学流程必须说清楚的几个问题：①教学环节的顺序安排及时间分布。②各个教学环节的师生双边活动安排及教学设计理论依据。③教学重难点的处理。

案例:《乐曲变化多样》教学过程

接下来，我重点来和诸位探讨一下我的教学环节设计，共分四大环节。

（1）创设情境，导入新课（用时3min）。

苏霍姆林斯基说过："一个好的导入是学生学习的第一源泉，第一喷火机。"因此，导课对于学生的学习兴趣起到了非常重要的作用。我采用《爸爸去哪儿》节目视频进行导入（1min）。并且创设第二季拍摄来到森林晚会的情境。视频中村长为小朋友们布置了改编《小星星》电子歌曲的任务，小朋友们只有完成任务才能拿到森林晚会的入场券（0.5min）。我请同学们来帮五位小朋友完成。之所以选用《小星星》歌曲是因为该歌曲曲谱简单，旋律悠扬，对于音乐基础较弱的同学来说也比较容易入手，并且与《爸爸去哪儿》歌曲的前奏能巧妙地结合起来。围绕这个情境，进入课堂第二环节。

（2）任务驱动，构建新知（用时15min）。

我先为学生请出"作曲大师"软件，演示如何在该软件中输入简谱（2min）。接着布置任务一：完成《小星星》歌曲的音符输入（5min）。我将学生分为五个大组，分别代表五个小朋友的队伍进行PK。学生在上节课中已掌握了"作曲大师"软件的简单操作，因此会比较快速地完成该任务。我将趁热打铁，请同学们探索如何输入歌词，并请较快探索出的学生上台演示（1min），接着布置**任务二**：完成歌词的输入，有能力的同学可以尝试自己改编歌词（7min）。

（3）协作探索，突破难点（用时15min）。

在输入简谱和歌词的基础上，进入协作探索，突破难点环节，我将继续播放视频，视频中村长要求五个宝贝改编出有自己特色的歌曲（1min）。我将引导演示如何设置乐曲的音色、速度等（2min），接着布置**任务三**：请同学们以小组为单位，熟悉乐曲音色及速度的设置，讨论并设置出你认为合适的音色和速度，通过合作学习的方式突破重难点（12min）。最后请各组代表为大家展示小组推选出的作品。

（4）作品展示，总结评价（12min）。

各小组展示本组推选出的作品（4min），由全班投票选出"最佳改编奖"等（4min），我和同学们一起对本堂课做知识梳理（2min），并播放森林晚会的视频作为课堂总结和奖励（2min）。

6. 教学效果分析

教学效果是教学目标的归宿和体现。教师在说课时，要对学生参与教学活动的主动性、深广度以及学生达成教学目标状况等作一个估计。课前说课还应包括疑点，说明在备课中自己拿不准的疑点，求教于其他教师。课后说课还应包括学生“学得怎样”的教学效果评估。

案例:《函数的妙用》

在教学设计的最后，我将阐述对本堂的教学反思与评价。本堂课最大的特点是运用了任务驱动法，结合了“拯救长颈鹿，创建新森林”的专题，通过任务的布置，让同学们掌握了对绘图软件的进一步操作，在完成任务的同时，也激发了学生学习的兴趣。此外，充分挖掘学生学习欲望，提升学习效率，同时使得学生能够通过协作学习以及独立自主的学习完成课堂任务。当然美中不足的是，由于课堂学生的操作时间较多，出现了局部课堂混乱的现象。因此，有必要加强教学的组织过程，提升教师在教学过程中的主导性。

3.5.3 中小学信息技术说课的技巧

说课是将静态的备课转化为动态的告知行为，如何让同行听明白你的教学思想、行为以及所引发的效应，从而充分调动他们的情绪和思维，须注意以下三个方面事项。

1. 语言表达

说课具有一定的演讲特性，因此说课语言要求准确、形象、生动，语言在保证流畅的同时，语调、语速应有变化，以激情和个性启发或感染听众。此外，在语言组织上还必须做到条理清晰、层次分明，富有逻辑性，这样才能让同行听得更清楚、更明白。

下面是说课中常用的规范用语。

> 今天我说课的题目是×××。对于本节课，我将以教什么，怎么教，为什么这样教为思路，从学习者特征分析、教学内容、教学目标、教学方法、教学环节设计以及课堂特色、预设效果这6个方面来分享我的说课内容。
>
> 首先谈谈我对教学内容的理解。其次，再来分析一下本节课的学情。
>
> 通过以上对学习者和教材内容的分析，结合初中信息技术新课程标准和布卢姆认知目标分类方法，我制订了以下三维教学目标：……

> 为了体现“以学生为主体，教师为主导”的教学原则，把培养学生的信息素养和信息处理能力作为教学的根本目标，同时结合信息技术课程标准指出的“学生应学会与他人协作或独立解决与课程相关问题，完成各种任务的目标”，我主要采用了任务驱动教学法，并辅以演示法。
>
> 为实现本节课的目标，落实重点、突破难点。我将教学过程设置为四个环节。
>
> 苏霍姆林斯基曾经说过，好的导入是激发学生学习动机的第一源泉，第一喷火机。我在导入的过程当中，预设了……
>
> 在同学们对 Word 这款软件有了兴趣之后，我就进入了我的第二个环节：趁热打铁，新知构建。
>
> 本堂课的第三个环节为乘胜追击、巩固新知。在这个环节，我……
>
> 本堂课前三个环节结束已经过去了 35 分钟，剩下的 5 分钟我将用它来对本堂课的内容进行第四个环节：总结拓展，回忆巩固。
>
> 最后，来谈谈我对本堂课所期望达到的效果：……

2. 仪态仪表

说课和上课一样也是非常注重体态语言的，好的仪态更有助于提升说课效果和教师的个人魅力，给同行留下美好的印象。具体来说：说课教师穿着要大方得体，面部表情以微笑为主，兼顾严肃、幽默；站姿挺拔，眼神流转顾及所有的听众；手势大方自然，间或一定的走动。

3. 内容呈现

不同场合下，说课的形式和条件有很大的区别，如面试环节的说课，普遍准备时间短，无多媒体辅助手段，而教师技能竞赛时说课，普遍准备时间长，可以使用 PPT。不管是哪种场合下的说课，都必须让同行或专家评委听明白你在说什么，如果不能做到这一点，一定不是成功的说课。想要别人较为轻松地听明白你的思路、你的设计新颖之处，必须做到一点：那就是要把重要的内容呈现给人看。有多媒体就把重要内容呈现在 PPT 上，没有多媒体，使用板书或贴纸等形式呈现。

3.5.4 中小学信息技术说课案例

说课案例一：《采集生活点滴》说课

设计者	高灵芝	单位	杭州师范大学教育技术 121 班
选用教材	浙江摄影出版社小学信息技术五上第二单元第 1 课		
课型	新授课		
课时	1 课时		

尊敬的各位评委、专家：大家上午好。今天我说课的题目是《采集生活点滴》。陶行知说过：好的老师不是教书，不是教学生，而是教学生学。对于本课，我将从学习内容分析、学习者分析、教学目标分析、教学方法、教学过程和教学特色这六个方面进行我的说课。

学习内容分析和学习者分析是教学设计的两个重要变量，也是教学设计的起点。首先来说一下学习内容分析和学习者分析。

《采集生活点滴》是浙江摄影出版社小学信息技术五上第二单元“多媒体世界”第1课的内容，本套教科书采用以信息为主线、任务为核心的模式，在设计上灵活整合各学科的知识，让学生在完成任务的过程中潜移默化地学会计算机的各种操作。本课的教学对象是五年级学生，该阶段的学生已初步具备抽象思维能力，能进行独立思考，但在很大程度上还要依靠直观具体的内容。本课的知识点共有四个，认识多媒体采集工具、学会数码照片的获取方法、利用计算机录制声音和整理资料。通过前面几册的学习，同学们在三年级的时候已经认识一些常用的多媒体采集工具，并对其用途有一定的了解。在四年级的时候已经学过对音乐的分类整理和对收集资料的分类整理。因此，认识多媒体采集工具和学会分类整理，将不再作为本节课的教学重点。而对于声音和数码照片的获取方法并没有基础，因此，本节课的重点是用计算机录制声音和获取数码照片的方法，而如何录制声音将是本节课的难点。本节课和后面几课的学习任务有着一定的联系，是后面学习的基础。

在经过教学内容和学习者分析之后，根据本杰明·布鲁姆认知目标分类方法，我定了以下三维目标。

知识与技能：认识常用多媒体采集设备并知道这些采集工具的作用。

过程与方法：能使用多媒体采集工具获取信息。

情感态度与价值观：激发学生使用多媒体采集工具的兴趣。

为了体现“以学生为主体，教师为主导”的教学原则，把培养学生的信息素养和信息处理能力作为教学的根本目标，同时结合信息技术课程标准指出的“学生应学会与他人协作或独立解决与课程相关问题，完成各种任务的目标”，本节课我主要采用任务驱动法和演示法两组教学方法。

赫尔巴特曾说使教学过程成为一种艺术的事业。为了更好地达到以上教学目标，我将我的教学过程分为以下四个环节。

环节一：情景导入，时间3分钟。

在本课的开始，我将以课间休息十分钟为切入点，以《课间乐》为主题进行导入。提问大家，在课间十分钟同学们都喜欢玩各种各样的小游戏，那么能不能把这些精彩的瞬间记录下来，保存到电脑中呢？需要用到什么工具？以学生熟悉的课间10分钟导入新课，贴近学生生活，激发学生的学习兴趣。

环节二：我示范，你模仿。时间12分钟。

此环节我将采用演示法，演示法是使用有关实物、教具将教学内容生动形象地展示出来，学生通过观察、思考获取学习知识。在本环节中，我将展示课前拍摄好的课间学生玩游戏的照片、视频、音频，让学生观看，并且出示手机、数码相机、MP3等设备，让学生了解这些采集设备的作用。之后，我将演示如何将数码相机中的照片保存到电脑中。然后，以小组为单位进行数码相机照片的保存，在学生进行照片保存的同时，我将重复讲述数码照片的保存方法，并随机查看学生保存照片的情况，以帮助学生获取学习知识。在本环节中以小组为单位体现了合作学习交流，激发学生的学习兴趣，从而达到我的教学目标：认识采集工具并学会获取数码照片的方法。

环节三：寻找好课间声音，时间15分钟。

为了更好地完成我的教学目标，此环节我将采用任务驱动法，并辅以演示法。任务驱动教学法是一种建立在建构主义学习理论基础上的教学方法。建构主义教学设计原理强调：学生的学习活动必须与大的任务或问题相结合，让学生在真实的教学情境中带着任务学习，以探索问题的解决方法来驱动和维持学习者的学习兴趣和动机。在本环节中，我将先布置“寻找课间好声音”的任务。然后演示用计算机录制声音需要的步骤。之后，让学生围绕寻找“好声音”的任务开始录制自己的声音，我将随机查看学生录制声音的情况，以更好地帮助他们获取习得能力。结束之后进行好声音的寻找，以检查学生是否学会录制声音。本环节以寻找好声音为任务，让学生更加积极主动地学会录制声音，突破了我的教学重难点。在情感态度与价值观方面，激发了学生使用多媒体采集工具的兴趣。在完成一系列任务后，将进入环节四。

环节四：谁是整理小能手，时间6分钟。

为了教会学生更好地查看和管理采集的信息资料，此环节，我将布置“谁是整理小能手”的任务给学生，然后下发给学生一个文件夹“课间乐”，让学生建立相应的文件夹，对照片、视频、声音进行分类。本环节是为了让学生养成分类整理的意识，以帮助他们更好地学习。

为了让学生更好地掌握本节课的学习知识，我将布置课后练习让学生分享他们从网络学习平台等途径采集的照片和声音，巩固课堂学习知识。以上是我的教学过程。

那么，最后来说一下我的教学特色及反思，以课间休息10分钟进行导入，做到了让生活融入教学情境。在教学设计时，以一个情境多个任务进行的形式，使得学生掌握了声音和数码照片的获取方法，激发了学习兴趣，较好地完成了我的教学目标。在设置任务时，考虑到学生的学习兴趣及学习特点，正是由于此，课堂上留给学生的时间较多，学生在完成任务时易造成课堂的混乱，所以，我还有必要加强教师在课堂中的主导位置。以上就是我的说课内容，还请各位评委专家批评指正。

说课案例二:《公式与函数》说课

设计者	钱哲凯	单位	杭州师范大学教育技术 121 班
选用教材	浙江摄影出版社信息技术七上第三单元第 15 课		
课型	新授课		
课时	1 课时		

尊敬的各位领导、各位评委老师：大家上午好。我说课的题目是《公式与函数》。我们不是巨人，但是我们可以站在巨人的肩膀上看世界，今天就让我们借着狄克和柯瑞这两位巨人的肩膀来看看我的教学设计。

在一堂课中，教师对教学内容的把握至关重要。本节选自浙教版《信息技术》七年级上册第三单元“数据处理与应用”。本单元共七课，均围绕 Excel 表格的应用展开，本课在这一单元中位于第三课，重点介绍了 Excel 中的公式与函数，起着承接前后的作用。这一课主要有三个知识点：数字格式设置、应用公式计算以及应用函数计算。

从学生的学习起点来看，在这一单元前，学生都没有接触过电子表格，学生的起点基本相同，通过前两节课，学生对于 Excel 表格有了一个初步的了解，已经掌握如何创建编辑 Excel 表格。关于本节课中的知识点，数字格式设置，在之前学生已经接触过其他数据的格式设置，在这里是一个知识的迁移，不是本节的重难点；而公式与函数这两个概念，学生虽然在数学的教学中已经接触到了，但是在计算机中是第一次接触，且两者之间的差别较难理解，因此我将 Excel 中公式与函数计算的格式确定为本节课的重点，将区分公式与函数，并根据实际需要合理选择公式与函数确定为本节课的难点。

这一节课所针对的学习者是初一年级上册的学生，这一阶段的学生具有鲜明的认知特点。他们思维活跃，表现力较强，已经具有一定的自主学习能力，需要更多的探讨空间和交流机会，因此在教学过程中，应该给学生更多自主探究空间。

根据教学内容以及学习者分析，我确定了以下三维目标。知识与技能目标。掌握设置数字格式的操作步骤，熟悉基本公式与函数的格式。过程与方法目标。根据要求设置数字格式，合理选择 Excel 公式与函数。情感态度与价值目标。培养辩证思维，养成独立探究的意识。

“一个人只能为别人引路，不能代替他们走路。”为了突破教学重难点，我选择了范例教学法、发现教学法以及任务驱动法这三种教学方法。

结合教学方法，本节课可分为四个环节。首先，导入环节，时间 5 分钟，在这一环节，我将向学生展示一段《富二代的天价零花钱》的视频，引起学生对零用钱使用的思考，然后向学生下发这样一份用 Excel 制作的八年级学生的零花钱统计表半成品，设置帮老师统计这个班级同学的零花钱这样一个情境，导入课程。

这一环节旨在通过视频吸引学生的注意力，初中一年级的学生的表现欲较强，因此情境的设置让整个课堂具有一定完整性的同时，也能够激发学生学习兴趣，给他们舞台来展现自己。

然后，进入第二个环节，时间10分钟，以八年级学生零花钱统计表为例带领学生认识Excel中数字的格式及其适合的场合，并使用范例教学法向学生演示公式计算中的格式。范例教学法是教师通过“范例”的讲授，使学生达到举一反三、掌握同一类知识的一种教学方法。在这里使用范例教学法，使学生了解公式使用的方法之后，再运用任务驱动教学法，“任务驱动”就是学生在教师的帮助下，紧紧围绕一个共同的任务活动中心，进行自主探索和互动协作的学习的教学方法。我将布置任务一，让学生运用公式按要求来计算每一个学生零用钱的总额，在学生操作期间，我将提醒同学们结合上节课学习的知识来完成这一任务。这样的环节设计，目的在于引导学生自主地完成任务，在模仿的过程中举一反三掌握本课的重点，并且能够测试学生对之前学习的自动填充这一知识点的掌握情况，有利于学生巩固知识，帮助学生建构知识点之间的联系。

环节三，用函数计算，时间15分钟。环节三与环节二所使用的教学方法是大致一样的。首先，带领学生认识几种常见的函数，平均值函数、求和函数等，因为学生已经具备一定的英语水平，所以在讲解时将函数的缩写与英语单词联系，能够帮助学生理解和记忆，然后使用范例法讲解函数计算的格式。演示完布置任务二：用函数按要求计算平均数和求和，在学生完成任务的过程中，我将重复讲述如何操作，并对个别学生进行指导，帮助完成任务，获取习得能力。这一环节主要突破的是函数计算的操作这一重点。

最后是总结评价，时间7分钟，在这一环节要解决这一课的一大难点，也就是理解公式与函数的区别，能够根据要求选择公式或函数进行计算，为突破这一难点，我将设计几个具体的问题，让学生来判断应该选择公式还是函数来计算，并说出公式与函数的格式，在突破难点的同时，总结回顾整节课的重点。

“预设越精致，生成越自由。”在我展示的最后，我来讲讲这节课的特点及教学预测。本节课的特点在于整堂课用同学零花钱的统计贯穿始终，在教授学生公式与函数运用的同时，引导学生养成正确的消费意识，另外在课堂的末尾加上测试评价的环节，有利于学生巩固知识点。这一课部分英语数学较好的学生理解会比其他同学轻松一些，但可能导致课堂接受差异较大，任务完成的速度也会有差异，使得课堂较为混乱。

我的说课到此结束，请各位老师批评指正。

参 考 文 献

[1] 蔡学佳，张海，王以宁．学习基础设施的建设和使用——《美国国家教育技术计划 2010》解读之五：资源篇[J]．中国信息技术教育，2011（Z1）：145.

[2] 抓住机遇，加快发展，在中小学大力普及信息技术教育——在全国中小学信息技术教育工作会议上的报告[OL]. http://www.moe.edu.cn/publicfiles/business/htmlfiles/moe/s3332/201001/82097.html[2014-03-10].

[3] 徐克强．中小学信息技术课程教学论[M]．北京：清华大学出版社，2011.

[4] 浅谈信息技术与其他学科的整合[OL]. http://www.docin.com/p-658140961.html[2014-05-22].

[5] 中小学信息技术课程指导纲要（试行）[OL]. http://baike.baidu.com/link?url=XieW5_esuCgg-Z8o5Mj3bO8SITtAJrkhzSgsOSWunOr9eTIH7sMUe9gVGvp6kpky06qQAblSDd2vlkW4nawONa[2014-12-15].

[6] 中华人民共和国教育部．普通高中信息技术课程标准[M]．北京：人民教育出版社，2003.

[7] 顾建军，李艺，董玉琦．普通高中技术课程标准（实验）解读[M].武汉：湖北教育出版社，2004.

[8] 信息素养[OL]. http://baike.baidu.com/link?url=rguFHZjxOiDvpiMn0V6mkQogtgroU94BlVLVUgVp2n0gUJ5UMPohMO_6JA8kRGQYXBRSF0HbRFnX7C5l7p-K9a[2014-01-08].

[9] 祝智庭，顾小清．信息素养：信息技术教育的核心[J]．中小学信息技术教育，2002（Z1）：37-41.

[10] 教学设计的基本理念[OL]. http://www.docin.com/p-449870701.html[2014-07-03].

[11] 李艺．信息技术课程与教学[M]．北京：高等教育出版社，2005.

[12] 学习内容分析方法[OL]. http://wenku.baidu.com/link?url=hOs5-aNjfFm0008M7BA4Ouppz37V7qUOyxU3myY3SlbioS4ZVr6xPGq2B7sxLPv-dJod8r2OT7Bewbf9ghzgr4DJ15XnMyIxSlYqjtanWom[2014-06-06].

[13] 如何确定教学的重点和难点[OL]. http://www.docin.com/p-337425300.html[2014-07-16].

[14] 教学目标的分类[OL]. http://www.pep.com.cn/xgjy/jyyj/jyts/kcyjx/ktjx/201008/t20100827_805004.htm [2014-07-22].

[15] 教学目标的具体编写方法及要注意的问题[OL]. http://ett.lnjcjy.com/courses/XXYY/html/module2/hd2/hd2_bz3_2.html[2014-07-26].

[16] “三维目标”的分类、学习水平、对象检索与行为动词汇总表[OL]. http://wenku.baidu.com/link?url=8GFkl2aEBWlf0Cpldto0YBLO9y4tDZNnv0MQVlPD2gu2fEz31DrdjxP592eIhABHYmbznI2UVm4eDeyLsN-om0fY1FjLw2y9oF0Y8zD5lCu[2014-07-26].

[17] 教学策略[OL]. http://baike.baidu.com/link?url=zjdiJoYbedDURIv1-5Q2DLBPU5YjKH6TuC5AOMGXGrqHnr5bVZ7ULJcv6iNlSTJqyhqCqosazvOgd7KG-y3e6_[2014-08-02].

[18] 黄堂红．中学信息技术课堂教学设计[M]．北京：科学出版社，2013.

[19] 教学方法有哪几种[OL]. http://zhidao.baidu.com/link?url=dnbbk_BwHPInnObGU_tWYGslsP5Od1w1B_9eF2KHIEew_J4dU8DY2OOlzpL6uHk-BG_dMxF3duqPVU3Ub5rfr5yZCTf8I9XIpzmkyX-PtMC[2014-08-15].

[20] 陈炯然．小学信息技术常用教学方法比较研究[OL]. http://wenku.baidu.com/view/df341c649b6648d7c1c746e1.html[2014-08-03].

[21] 教学资源[OL]. http://baike.baidu.com/view/3039812.htm?fr=aladdin[2014-08-20].
[22] 教学媒体在教学中的作用[OL]. http://wenku.baidu.com/link?url=U890gT_aJft_r_PDzdr90_HD9eDUEjgFWkurMSdBrNk1J-AiUUWfKXXeM63vCWy9RCAoN4GePKtPTOjJp2sc_6w106ySsGUxPwmDY-cmw23 [2014-08-12].
[23] 信息技术课堂教学中传统教学媒体的运用[OL]. http://shenjianguo601.blog.163.com/blog/static/149170178201393111446320/[2014-08-12].
[24] 教学过程[OL]. http://baike.baidu.com/link?url=bWR30NwIapE-nuC1qQJkxBw0wRQNbKIozoLzIWXi4By_rX40K5UytGQafoiJvKik3PtCKaxQxvVm2NOkQ89wL_[2014-08-25].
[25] 教学评价的分类和功能[OL]. http://wenku.baidu.com/link?url=IEnRv39ta6qDbSIBw5KKm-9X03O5gfTjyQZmO8PpElzsVaDZaLdxGcUYff124ZO2DjKJ31Ct-q_15XIXSw0Vq12TAMnPYUAcia2x0lDwRaK，_[2014-08-28].
[26] 苗逢春. 信息技术教学评价的科学设计与有效实施[OL]. http://www.teacherclub.com.cn/tresearch/blog/showArticle.jsp?ArticleCode=1255213421&CID=00001[2014-08-28].
[27] 苗广豫，杜炫杰. 表现性评价在小学信息技术课程中的应用[J]. 中国电化教育，2005（1）：62-64.
[28] 范谊. 基于电子量规的作品评价教学方案的设计[J]. 教育信息技术，2006（3）：13-15.
[29] 谢幼如. 基于电子量规的小学生信息技术[OL]. http://wenku.baidu.com/link?url=pbyLLpHc4MIBeGfzINfHX6CswK8dypd9Cr_3kgy-B_zv3ZxS60z97dT6rmkSuJxrQo5rJt0Qf4p8K4cpeSsuWeDDoXHDjmiuGui73-U_95G[2014-08-28].
[30] 单元教学设计理论与实践[OL]. http://www.jxteacher.com/eliza/column2336/86658870-af96-428a-ab71-d73c809ef23a.html[2014-05-15].
[31] 楼俊婷. 中小学信息技术课程的单元教学设计研究[D]. 杭州：杭州师范大学，2015.
[32] 陈红云. 基于信息技术的单元教学设计实践研究——以高中化学新课程为例[D]. 南昌：江西师范大学，2008.
[33] 浅谈信息技术课堂教学中导入的方法[OL]. http://www.doc88.com/p-671855301950.html[2014-09-06].
[34] 信息技术课上的幽默故事[OL]. http://www.jxteacher.com/dddj/column22237/5c98be78-d46f-4745-b11a-8e9d76a6b2f8.html[2014-09-20].
[35] 创设教学情境[OL]. http://baike.baidu.com/link?url=aFlMKGPY7cEg66UgMMTJERc34h3WpqWGvK21-6yYT54kJGK8OBJBDY4vfmS0AL329OASGP-r38aB1n4jMfu3b_[2015-05-12].
[36] 教师体态语言艺术[OL]. http://wenku.baidu.com/view/d9ac057ba26925c52cc5bf1f.html[2014-11-1].
[37] 龙丽嫦. 小学信息技术教学有效任务设计的研究[OL]. http://www.360doc.com/showWeb/0/0/360774847.aspx[2014-10-10].
[38] 刘鸣家. 从练习设计看信息技术课堂的有效性[OL]. http://wenku.baidu.com/link?url=LuWCROVTWitWHCYhoDFKvmMv7jLD3mDbMena6E7f_dLRTSoHosI5Ma8YlkIrFCZtCGyS6dkopscD6ezjnvXAV5ueDNAf1NJpogBGn37XF87[2014-11-08].
[39] 说课[OL]. http://baike.baidu.com/view/3566.htm?fr=aladdin[2014-11-02].